Bruchmann • Tauchrecht

Einbandgestaltung: Dos Luis Santos
Titelfoto: SDI / TDI
Lektorat: Horst Dederichs, Myrta Baumberger

ISBN 3-275-01548-6
ISBN 978-3-275-01548-1

1. Auflage 2006

Copyright © 2006 by Müller Rüschlikon Verlag
Postfach 103743, 70032 Stuttgart

Ein Unternehmen der Paul Pietsch Verlage GmbH + Co.

Sie erreichen uns im Internet unter:
www.mueller-rueschlikon.de

Innengestaltung: Ralf Wendeborn, Horst Dederichs, D-41363 Jüchen
Druck und Bindung: Fotolito LONGO, I-39100 Bozen
Printed in: Italy

Inhaltsverzeichnis

Inhaltsverzeichnis

Vorwort

RA Michael Bruchmann

Vorwort

Seit 1982 praktiziere ich als selbstständiger Rechtsanwalt in Mönchengladbach. Mein Hobby ist das Tauchen. In meiner Eigenschaft als Tauchlehrer habe ich deshalb viel Kontakt zu anderen Tauchkollegen, die mich nicht selten auch um juristischen Rat bitten.

Aufgrund dieses Umstandes und in meiner Eigenschaft als Mitglied der Expertenrunde der Zeitschrift »tauchen« werden zusätzlich an mich vielfältige juristische Fragen rund um das Tauchen herangetragen. Diese Anfragen zeigen, dass in der Tauchgemeinschaft rechtliche Dinge oft falsch betrachtet werden, so dass Sachverhalte aus Unkenntnis akzeptiert werden, die eigentlich nicht hingenommen werden müssten.

Dies fängt an bei Gewährleistungsfragen im Zusammenhang mit dem Ankauf von Tauchsportartikeln, unbefriedigenden Wartungs- und Reparaturergebnissen, Problemen bei Urlaubsreisen, bis hin zu versicherungsrechtlichen Themen. Gefragt wird auch danach, wo zum Beispiel in deutschen Seen getaucht werden darf und wo nicht. Auch werde ich angesprochen, wenn Tauchkurse nicht so verlaufen, wie es sich die Teilnehmer vorstellen.

Alle relevanten Sparten werden in diesem Buch aus unterschiedlichen Blickwinkeln aufgezeigt und durch Fallbeispiele leicht lesbar erläutert.

Nach fast jedem Kapitel finden Sie Fragen, die in der Vergangenheit an mich gestellt worden sind, und die entsprechenden Antworten.

Diese Beispielsfälle müssen aber nicht unbedingt »Ihre Probleme« lösen. Jeder Fall ist nämlich anders und kann schon durch kleinere Sachverhaltsabweichungen andere Lösungsmöglichkeiten bieten.

In unserem Rechtsgebiet findet das angloamerikanische Case-law-Recht (Fallrecht) keine Anwendung. Vielmehr herrscht hier das so genannte »abstrakte Recht«.

Dies bedeutet, dass die Gesetze und Paragraphen abstrakt normieren, wann und unter welchen Voraussetzungen welche Rechtsfolge eintritt.

Deshalb sollten Sie die angeführten Beispielsfälle auch nur als Anregung nehmen, um Ihr »konkretes Rechtsproblem« in den Griff zu bekommen.

Der Inhalt dieses Buches kann als Nachschlagwerk für den Taucher verstanden werden, um seine Rechte zu sichten. Es erhebt allerdings nicht den Anspruch auf eine juristische Fachlektüre.

Insbesondere sind die einzelnen Rechtsgebiete nur grob angerissen worden, um einen Überblick zu geben.

In der Juristerei ist leider fast alles streitig. Die Ausführungen orientieren sich an der jeweils herrschenden Meinung in der Rechtsprechung und in der Literatur.

Die jeweils relevanten Gesetzestexte der behandelten Rechtsgebiete sind im Anhang dieses Buches abgedruckt.

Sollten Sie einem Sachverhalt gegenüberstehen, der juristische Probleme aufwirft, kann meine Empfehlung nur sein, sich in jedem Fall von einem fachkundigen Rechtsanwalt beraten und vertreten zu lassen. Dann sind Sie auf der sicheren Seite.

Und nun viel Spaß beim Lesen!

Michael Bruchmann
Rechtsanwalt &
Tauchlehrer

Danke!

Mein besonderer Dank für die Texterfassungen gilt den Mitarbeiterinnen unseres Büros, insbesondere Meike Lessner und für die Zusammenstellungen der Bilder Wilfried Rasche, Thomas Christ, Peter Röders und Sven Rühlmann.

Der Kauf von Tauchausrüstung

Der Kauf im Allgemeinen

Eigentlich werden wir täglich mit dem Kaufrecht konfrontiert. Dies nicht nur dann, wenn wir Taucher Ausrüstungsgegenstände käuflich erwerben, sondern auch, wenn wir zum Beispiel morgens beim Bäcker Brötchen kaufen. Immer spielen die Regeln des Kaufsrechts eine entscheidende Rolle.
Zu den Themen, die im Rahmen des Kaufrechts abgehandelt werden, gehören insbesondere der Abschluss des Kaufvertrages, Fragen des Irrtums beim Kauf, die Rechte des Käufers beim Vorliegen eines Mangels und die Rechtslage bei verspäteter Lieferung des Kaufgegenstandes.

Rechtsgrundlagen sind die Vorschriften des Bürgerlichen Gesetzbuches (BGB).

1. Der Abschluss des Kaufvertrages

Ein Kaufvertrag ist ein gegenseitig verpflichtender Schuldvertrag, bei dem sich ein Vertragspartner dazu verpflichtet, einen Vermögensgegenstand (Kaufgegenstand) zu veräußern (§ 433 Abs. 1 BGB).
Der andere Vertragspartner verpflichtet sich im Gegenzug zur Zahlung des Kaufpreises (§ 433 Abs. 2 BGB).
Grundsätzlich gelten für den Kaufvertrag die Vorschriften des allgemeinen Schuldrechts (§§ 241 ff. BGB), soweit für diesen Vertragstyp keine Sonderregelungen geschaffen wurden (z. B. §§ 271, 320, 433 ff. BGB).
Ein Kaufvertrag kommt zustande durch zwei korrespondierende, das heißt übereinstimmende, Willenserklärungen. Es muss somit Einigkeit über den Kaufgegenstand und über den Kaufpreis bestehen.
Reden müssen Käufer und Verkäufer nicht einmal miteinander. Ein Kaufvertrag kann auch durch schlüssiges Verhalten geschlossen werden. Gehen Sie beispielsweise in ein Tauchfachgeschäft und legen Sie ohne ein Wort zu sprechen ein Flossenbandpaar auf die Kassentheke und übergeben dann den Kaufpreis an die Bedienung, dann haben Sie schon ein Angebot zum Abschluss eines Kaufvertrages gemacht.
Die Annahme dieses Angebotes erfolgt dadurch, dass der Kaufpreis von der Bedienung entgegengenommen wird. Obwohl nicht geredet wurde, ist ein Kaufvertrag zustande gekommen.
Aus dem vorherigen Beispiel haben Sie sicherlich erkannt, dass die Ausstellung von Waren in Geschäften bzw. in Schaufenstern noch kein Angebot zum Abschluss eines Kaufvertrages ist. Die ausgestellten Kaufgegenstände stellen

Kauf von Tauchausrüstung

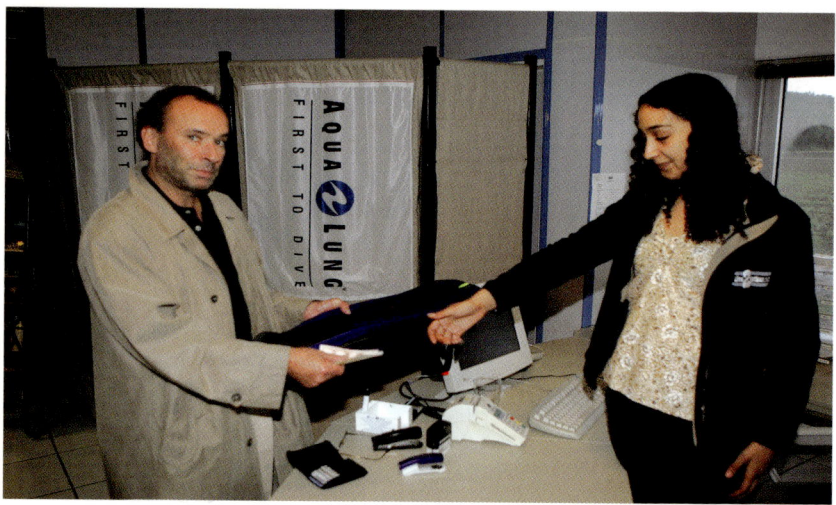

Angebot zum Abschluss eines Kaufvertrages über Flossen: Die Verkäuferin nimmt das Kaufangebot durch Entgegennahme des Kaufpreises an.

nur die Einladung an einen möglichen Käufer dar, ein Angebot abzugeben. Sie wissen aus dem Eingangsbeispiel, dass der Abschluss eines Kaufvertrages nicht an eine bestimmte Form gebunden ist.

Aus Nachweisgründen empfiehlt es sich aber manchmal, die Schriftform zu wählen.

Von der Regel, dass Kaufverträge formfrei geschlossen werden können, gibt es Ausnahmen, die im Gesetz ausdrücklich erwähnt werden. Ein Beispiel hierfür ist der Grundstückskaufvertrag, der gemäß § 311b BGB notariell beurkundet werden muss.

Auch kann nicht jede natürliche Person rechtswirksam einen Kaufvertrag eingehen. Vielmehr muss Geschäftsfähigkeit vorliegen. Diese ist

Das Ausstellen von Tauchsportartikeln in einem Shop ist die Einladung an den potenziellen Kunden, ein Kaufangebot abzugeben.

bei jedem Menschen gegeben, der das 18. Lebensjahr vollendet hat und nicht geschäftsunfähig ist.

Geschäftsunfähig ist, wer nicht das 7. Lebensjahr vollendet hat und wer sich in einem die freie Willensbestimmung ausschließenden Zustand krankhafter Störung der Geistestätigkeit befindet, sofern nicht dieser Zustand seiner Natur nach ein vorübergehender ist.

Ein nur vorübergehender, die freie Willensbildung ausschließender Zustand liegt z. B. vor, wenn man zu viel Alkohol getrunken hat oder bewusstlos geworden ist.

Dann gibt es noch den Begriff der beschränkten Geschäftsfähigkeit.

Diese liegt bei Personen vor zwischen der Vollendung des 7. und des 18. Lebensjahres. Man nennt diese Altersgruppe auch »die Minderjährigen«. Beschränkt Geschäftsfähige können zwar einen Vertrag schließen. Dieser bedarf allerdings regelmäßig der Genehmigung der gesetzlichen Vertreter, also grundsätzlich der Eltern. Erklären sich diese nicht, das heißt, stimmen sie nicht zu, gilt der Vertrag als nicht geschlossen und entfaltet keine Rechtsfolgen.

Wir kommen zurück auf den Flossenbandfall. Dieses liegt noch im Einflussbereich des Verkäufers auf der Theke. Der Kaufpreis wurde bezahlt. Ist der Käufer dadurch schon Eigentümer des Bandes geworden?

Nein! Der Verkäufer verpflichtet sich durch den Kaufvertrag lediglich, dem Käufer das Eigentum an der Kaufsache zu verschaffen. Es bedarf noch eines zusätzlichen Aktes, um Eigentümer zu werden. Erst durch die Übergabe (Übereignung/Aushändigung) an den Käufer erfolgt die Übertragung des Eigentums. Man spricht hier vom sachenrechtlichen Erfüllungsgeschäft (§§ 929 ff. BGB).

Beide Geschäfte, also das schuldrechtliche Verpflichtungsgeschäft und das sachenrechtliche Erfüllungsgeschäft, sind unabhängig voneinander im Gesetz geregelt, und jedes für sich hat sein eigenes Schicksal. Die Juristen nennen dies das sog. Abstraktionsprinzip.

Aus diesem Abschnitt wissen wir nun, wie ein Kaufvertrag zustande kommt. Was ist aber, wenn z. B. eine Vertragspartei nicht das zum Ausdruck bringen wollte, was tatsächlich erklärt wurde? Dann könnte ein Irrtum vorliegen. Welche Rechtsfolgen sich daran anschließen, erkläre ich Ihnen im nächsten Abschnitt.

2. Die Anfechtung des Kaufvertrages wegen Irrtums

Wer bei der Abgabe einer Willenserklärung über deren Inhalt im Irrtum war oder eine Erklärung dieses Inhaltes überhaupt nicht abgeben wollte, oder wer durch arglistige Täuschung oder widerrechtlich durch Drohungen Willenserklärungen abgegeben hat, kann diese anfechten. Näheres regeln die §§ 119 ff. BGB.

Diese gesetzlichen Vorschriften sind nicht nur auf das Kaufvertragsrecht anwendbar. Sie gelten vielmehr für fast alle Vertragstypen. Deshalb werden in diesem Abschnitt auch Beispielsfälle aus anderen Rechtsgebieten aufgezeigt.

Die Voraussetzungen der Anfechtung sind:
- Es muss ein Irrtum vorliegen.
- Es muss ein Kausalzusammenhang zwischen dem Irrtum und der abgegebenen Willenserklärung vorhanden sein.
- Die Anfechtungserklärung muss tatsächlich abgegeben worden sein.
- Die Anfechtungserklärung muss rechtzeitig, also unverzüglich erfolgt sein.
- Es dürfen keine Ausschlussgründe vorhanden sein.

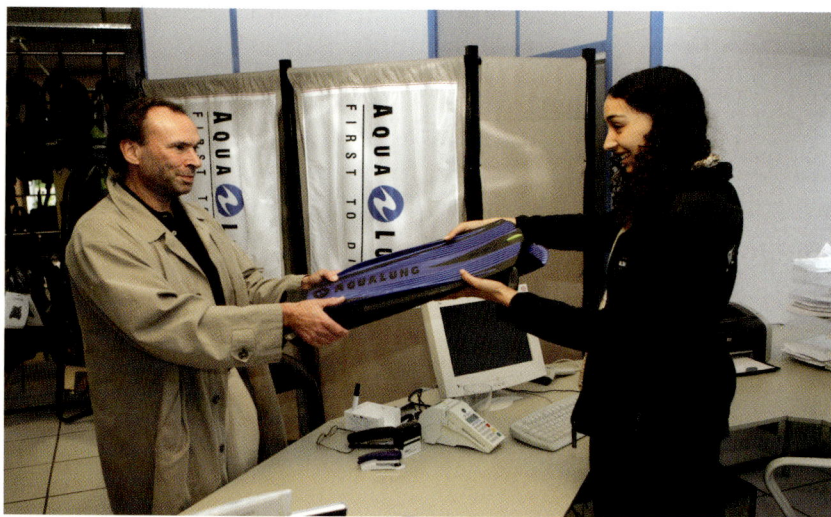

Erst durch die Übergabe der Flossen an den Käufer wird dieser Eigentümer.

a) Der Irrtum

aa) Zur Anfechtung eines Vertrages berechtigen zunächst der Erklärungsirrtum, der Inhaltsirrtum und die unrichtige Übermittlung des Willens.

• Der Erklärende wollte nicht das erklären, was er tatsächlich erklärt hat. Er verspricht oder verschreibt sich. Es bestand also durchaus die Absicht, eine dem Inhalt nach richtige Willenserklärung abzugeben, aber das Erklärte bringt dies äußerlich nicht zum Ausdruck. Dann liegt ein **Erklärungsirrtum** vor.

»A« steht mit »B« in Verhandlung über den Verkauf eines Trockentauchanzuges. »A« will ihn »B« für 1800,00 € anbieten. Diese Summe wäre auch tatsächlich gerechtfertigt. In dem schriftlichen Verkaufsangebot vertippt »A« sich jedoch, so dass als Kaufpreis nur ein Betrag von 800,00 € erscheint. »B« nimmt dieses Angebot an und verlangt von »A« den Trockentauchanzug gegen Zahlung von 800,00 €. Weil das rechtsgeschäftlich Erklärte und das rechtsverbindlich Gewollte bei »A« unbewusst voneinander abweichen, liegt ein Irrtum im Sinne des § 119 Abs. 1 BGB vor, der beachtlich ist, weil »A« bei Kenntnis der Sachlage und bei verständiger Würdigung des Falles die Erklärung nicht abgegeben hätte.

• Sie erklären genau das, was Sie auch wollten, verbinden aber damit einen anderen Bedeutungsinhalt. Dann liegt ein **Inhaltsirrtum** vor.

Taucher »A« will bei dem berühmten Coursedirector »G«, von dem er schon viel gehört hat, einen Tauchkurs buchen. Er schreibt an »G«, Musterstadt, Musterstraße 11. Durch Briefwechsel wird der Vertrag abgeschlossen. Später stellt sich heraus, dass es sich bei dem »G« nicht um den berühmten Coursedirector »G1« handelt, sondern um den weit weniger berühmten gleichnamigen Coursedirector »G2«. »G1« wohnt in Musterstadt,

Nach der Übergabe der Tauchausrüstung darf der Käufer die erworbenen Ausrüstungsteile einsetzen.

Musterallee 24.

Es ist zwischen »A« und »G2«, an den sich das Vertragsangebot objektiv richtete, ein Vertrag zustande gekommen. Hat »A« geirrt? »A« hat erklärt, mit »G2« abschließen zu wollen, nämlich mit dem Coursedirector »G«, Musterstraße 11.

»A« wollte in Wahrheit aber mit »G1« abschließen. Er glaubte auch, dieses in der Erklärung zum Ausdruck gebracht zu haben, da er meinte, unter der angegebenen Adresse wohne der »G1«.

Das rechtsgeschäftlich Erklärte und das rechtsgeschäftlich Gewollte fallen im Hinblick auf den Geschäftspartner unbewusst auseinander, so dass ein beachtlicher Inhaltsirrtum vorliegt.

• Wenn eine Person nur als Erklärungsbote tätig wird und diese eine Willenserklärung unrichtig übermittelt, liegt ebenfalls ein beachtlicher Inhaltsirrtum vor, der zur Anfechtung berechtigt.

bb) Dann gibt es noch die Irrtümer bei der Willensbildung, nämlich den Motiv-, Eigenschafts-, Rechtsfolge- und Kalkulationsirrtum.

Wenn ein Fehler bei der Motivbildung vorliegt, also beim Grund, warum man die Willenserklärung abgegeben hat, spricht man von einem **Motivirrtum**. Solche Irrtümer sind grundsätzlich unbeachtlich.

»A« beabsichtigt, im Sommer im Bodensee zu tauchen. Von Freunden hat er gehört, dass es dort in den Monaten Juli und August sehr heiß sein soll. Er glaubt daher, dort Tauchgänge mit einem Tropentauchanzug machen zu können. Vor Ort stellt er fest, dass er sich wohl besser einen Trockentauchanzug gekauft hätte. Kann er den Kaufvertrag bezüglich des Tropentauchanzuges anfechten? Natürlich nein. Hier liegt klar ein Fehler von »A« bei seiner Motivbildung vor.

• Von einem **Eigenschaftsirrtum** spricht man, wenn der Erklärende über eine verkehrswesentliche Eigenschaft einer Person oder einer Sache irrt.

Verkehrswesentlich ist eine Sache nur dann, wenn sie in unmittelbarem Zusammenhang mit dem Geschäftsinhalt steht.

Folgende Eigenschaften einer Person kommen beispielsweise als verkehrswesentlich in Betracht: Alter, Geschlecht, Konfession, Vorstrafen, Kreditwürdigkeit, Ausbildung etc.

Eine verkehrswesentliche Eigenschaft einer Sache ist z. B. ihre Beschaffenheit.

• Irrt der Erklärende nicht über den Inhalt der Erklärung selbst, sondern über die gesetzlichen Folgen (**Rechtsfolgeirrtum**), berechtigt dies nicht zur Anfechtung.

• Bei einem **Kalkulationsirrtum** liegt ein Irrtum über den Wert oder den Preis einer Leistung oder einer Sache vor.

Der Erklärende irrt sich nur in seiner persönlichen Kalkulation. Kennzeichnend für diesen Irrtum ist demnach, dass sich der »Mangel« nicht bei der Umsetzung eines zuvor fehlerfrei gebildeten Willens einschleicht (Verkäufer vertippt sich beim Aufsetzen des Kaufvertrages mit der Schreibmaschine), sondern dass er schon im Vorfeld die Erklärungshandlung bei der Willensbildung beeinflusst (Verkäufer vertippt sich beim Berechnen des Kaufpreises mit dem Taschenrechner). Deshalb handelt es sich beim Kalkulationsirrtum grundsätzlich um einen unbeachtlichen Motivirrtum, der nicht zur Anfechtung berechtigt. Es gibt aber Ausnahmen.

Hinsichtlich der Rechtsfolgen eines Kalkulationsirrtums wird danach unterschieden, ob der Irrende dem Erklärungsempfänger die Berechnungsgrundlage offen gelegt hat, so dass er die Berechnung nachvollziehen konnte (offener

Kalkulationsirrtum), oder ob er dies nicht getan hat (verdeckter Kalkulations-irrtum).

Beim verdeckten Kalkulationsirrtum ist, wie wir gehört haben, dem Verkäufer ein Irrtum bei der Willensbildung im Vorfeld der Erklärungshandlung unterlaufen. Ein solcher Irrtum berechtigt nicht zur Anfechtung. Er geht daher einseitig zu Lasten des Erklärenden.

Beim offenen Kalkulationsirrtum kann dies anders sein. Es kommt hier aber immer auf den konkreten Einzelfall an. Es wird entscheidend darauf abzustellen sein, ob der Erklärungsempfänger die Berechnungsgrundlage leicht oder schwer nachvollziehen konnte.

b) Der Kausalzusammenhang zwischen Irrtum und Willenserklärung

Der Irrtum muss kausal – ursächlich – für die Willensbildung sein. Wenn der Erklärende sich also nicht geirrt hätte, dann hätte er die Willenserklärung auch nicht abgegeben.

c) Die Anfechtungserklärung

Ein Vertrag ist nicht von sich aus bei einer irrtümlich abgegebenen Willenserklärung nichtig. Vielmehr muss die Anfechtungserklärung auch tatsächlich abgegeben werden, und zwar gegenüber dem Anfechtungsgegner (§ 143 BGB).

Die Irrtumsanfechtung hat gemäß § 121 BGB unverzüglich zu erfolgen, das heißt, ohne schuldhaftes Zögern.

Die Anfechtungsfrist beginnt erst dann zu laufen, wenn der Irrende Kenntnis vom Anfechtungsgrund erlangt hat. Unverzüglich ist allerdings nicht als sofort zu verstehen. Man hat durchaus noch einen Augenblick Zeit, um zu überlegen, ob die Anfechtung ausgesprochen werden soll.

d) Ausschlussgründe

Ausschlussgründe für die Anfechtung sind, wenn seit dem Rechtsgeschäft zehn Jahre vergangen sind, oder wenn der Anfechtungsberechtigte das Rechtsgeschäft nach § 144 BGB bestätigt hat.

e) Die Rechtsfolgen der Anfechtung

wird der Vertrag mit Erfolg angefochten, hat dies die rückwirkende Nichtigkeit der angefochtenen Willenserklärung zur Folge, § 142 BGB.

Nach § 122 BGB besteht für denjenigen, gegenüber dem die Anfechtung erfolgt ist, eine Schadensersatzpflicht.

Zu ersetzen ist aber nur der sog. Vertrauensschaden. Dies ist der Schaden, den der Anfechtungsgegner erleidet, weil er auf die Gültigkeit der Erklärung vertraut hat. Er muss also so gestellt werden, wie er stehen würde, wenn er von dem Geschäft nichts gehört hätte.

3. Die Anfechtung des Kaufvertrages wegen Täuschung und Drohung

Nicht nur Irrtümer können zur Anfechtung berechtigen. Das Anfechtungsrecht steht Ihnen auch dann zu, wenn Sie durch arglistige Täuschung oder Drohung zum Vertragsabschluss angehalten wurden.

Ob der Verkäufer der Käuferin wohl die Wahrheit sagt?

Von einer **arglistigen Täuschung** wird gesprochen, wenn der Erklärende bei dem Erklärungsempfänger dadurch einen Irrtum erregte, indem er ihm falsche Tatsachen vorspiegelte oder wahre Tatsachen verschwieg.

Eine widerrechtliche Drohung liegt vor, wenn dem Erklärungsempfänger für den Fall, dass dieser seine Erklärung im Hinblick auf den Vertragsschluss nicht abgeben werde, ein Nachteil in Aussicht gestellt wird.

Dann müssen noch die übrigen Voraussetzungen vorliegen, so wie bei der Anfechtung der Willenserklärung wegen Irrtums.

Die Anfechtung des Kaufvertrages wegen Täuschung und Drohung dürfte für uns Taucher weniger praxisrelevant sein, so dass dieser Abschnitt nur kurz angerissen werden konnte.

4. Der Mangel der Kaufsache

a) Der Sachmangel
Nicht nur wegen Irrtümer können Kaufverträge ins Wanken geraten, sondern auch dann, wenn »Fehler« vorliegen. Das Gesetz spricht von »Sachmängeln«.

Maßgeblich ist zunächst die im Vertrag getroffene Vereinbarung hinsichtlich der geschuldeten Beschaffenheit der Kaufsache.

Liegt keine besondere Vereinbarung hierüber vor, ist die Vorstellung der Vertragsparteien vom Verwendungszweck des Kaufgegenstandes maßgebend.

Wenn aber auch über den Verwendungszweck keine Vereinbarung im Vertrag getroffen wurde, ist entscheidend, ob der Kaufgegenstand für die gewöhnliche Verwendung geeignet ist und eine Beschaffenheit ausweist, die bei Sachen der gleichen Art üblich ist, und die der Käufer nach Art der Sache auch erwarten kann.

Ein Mangel der Kaufsache liegt vor, wenn eine andere als die geschuldete Sache geliefert wird. Die Juristen nennen dies eine »Aliud-Lieferung«.

Ein Mangel der Kaufsache ist auch dann gegeben, wenn sie öffentliche, insbesondere in der Werbung oder bei der Kennzeichnung des Produktes angepriesene Eigenschaften tatsächlich nicht hat.

Unerheblich ist dann, ob die entsprechende Werbeaussage vom Verkäufer selbst, vom Hersteller oder einem Gehilfen in die Welt gesetzt wurde.

Der Verkäufer kann sich hier aber entlasten, wenn er nachweist, dass er selbst die nicht zutreffende Werbeaussage nicht kannte und auch nicht kennen musste, oder wenn die nicht zutreffende Werbeaussage die Kaufentscheidung des Kunden nicht beeinflusst hat.

Die gesetzliche Grundlage hierfür findet sich in § 434 Abs. 1 BGB.

Sicherlich haben Sie auch schon einmal etwas von der sog. »Ikea-Klausel« gehört, die in § 434 Abs. 2 BGB geregelt ist.

Diese besagt, dass die Kaufsache auch dann als mangelhaft angesehen wird, wenn

• die vereinbarte Montage vom Verkäufer oder dessen Gehilfen unsachgemäß ausgeführt wird;

• die Kaufsache vom Käufer selbst infolge einer mangelhaften/unsachgemäßen

Betriebs-/Montageanleitung beschädigt und/oder mangelhaft montiert worden ist.

Liegen diese Voraussetzungen vor, gilt das Produkt als mangelhaft.

b) Der Rechtsmangel

Der Begriff des Rechtsmangels ist gesetzlich definiert in § 435 BGB.

Ein solcher liegt vor, wenn Dritte aufgrund eines privaten oder öffentlichen Rechts in Bezug auf die Kaufsache, das Eigentum, den Besitz oder den Gebrauch eines Gegenstandes beeinträchtigen können.

»A« kauft von »B« eine komplette Tauchausrüstung. Kurze Zeit danach meldet sich bei ihm der »C«. Dieser weist nach, dass ihm die Tauchausrüstung von »A« sicherungsübereignet worden ist, weil er ihm ein Darlehen gewährt hatte. Weil das Geld bis heute nicht zurückbezahlt worden sei, beanspruche er nun die Ausrüstungsgegenstände von »B«.

5. Die Rechte des Käufers bei einem Mangel

Wenn der Kaufgegenstand einen Mangel aufweist, wobei der Rechtsmangel dem Sachmangel in den Rechtsfolgen gleichgestellt ist, stehen dem Käufer diverse Rechte gegen den Verkäufer zur Seite.

Er hat zunächst einen Anspruch auf Nacherfüllung, und zwar wahlweise als Nachbesserung (Beseitigung des Mangels) oder als Ersatzlieferung (Lieferung einer mangelfreien Sache).

Wer den Gesetzestext lesen möchte, schaue bitte in § 439 Abs. 1 BGB.

Schlägt die Nacherfüllung fehl, bzw. verweigerte sie der Verkäufer oder ist sie ihm nicht zumutbar, kann der Käufer

* die Minderung des Kaufpeises verlangen oder
* vom Vertrag zurücktreten und/oder
* Schadensersatz verlangen oder
* alternativ zum Schadensersatz seine vergeblichen Aufwendungen zurückverlangen.

Zu beachten ist, dass das Rücktrittsrecht erst dann geltend gemacht werden kann, wenn dem Verkäufer eine an-

Anfechtungen von Verträgen müssen meist von Rechtsanwälten übernommen werden.

gemessene Frist zur Nacherfüllung gesetzt worden ist und diese Frist erfolglos verstrich oder die Nacherfüllung verweigert wurde.

a) Einzelheiten zum Nacherfüllungsanspruch

Der Käufer kann bei der Nacherfüllung zwischen Nachbesserung und Ersatzlieferung frei entscheiden.

Der Verkäufer ist berechtigt, die Nachbesserung und/oder die Ersatzlieferung zu verweigern, wenn die Nacherfüllung nur mit unverhältnismäßig hohen Kosten möglich ist. Der Käufer ist in diesem Fall auf die jeweils andere Form der Nacherfüllung (Nachbesserung oder Ersatzlieferung) beschränkt. Auch der nun gewählten Form der Nacherfüllung kann der Verkäufer wiederum den Einwand unverhältnismäßig hoher Kosten entgegenhalten.

Dies hat zur Folge, dass der Nacherfüllungsanspruch insgesamt entfällt und der Käufer auf die Rechte aus Minderung/Rücktritt und Schadensersatz beschränkt ist.

Maßstab für die Unverhältnismäßigkeit der Nacherfüllungskosten ist
• der Wert der Sache in mangelfreiem Zustand,
• die Bedeutung des Mangels,
• die Frage, ob der Käufer ohne erhebliche Nachteile auf die Nachbesserung bzw. Ersatzlieferung zurückgreifen könnte.

Ist der Verkäufer zur Nachlieferung verpflichtet, muss er die dadurch verursachten Aufwendungen, insbesondere die Transportkosten, Wegekosten, Arbeitskosten und Materialkosten übernehmen.

Wählt der Käufer die Nachbesserung der Kaufsache, so hat der Verkäufer im Regelfall zwei, höchstens aber drei Versuche, um den Mangel zu beseitigen. Dies alles ist geregelt in § 439 BGB.

b) Einzelheiten zur Minderung

Wenn die Kaufsache mangelhaft ist und der Verkäufer den Mangel im Wege der Nacherfüllung nicht beheben kann, hat der Käufer Anspruch darauf, dass der Kaufpreis um eine bestimmte Summe gemindert wird, § 441 BGB.

Eine Summenfestlegung gibt es nicht im Gesetz. Die Höhe der Minderung hängt von der Schwere des Mangels ab. Der Verkäufer kann darauf verwiesen werden, dass die Minderung umso höher ausfallen kann, je größer die Beeinträchtigung des Gebrauchs des Kaufsgegenstandes durch den Mangel ist.

Natürlich muss der Mangel zum Zeitpunkt vorhanden gewesen sein, in dem der Käufer die Sache erhalten hat.

c) Einzelheiten zum Rücktritt vom Vertrag

Wenn die Kaufsache mangelhaft ist und der Verkäufer den Mangel im Wege der Nacherfüllung nicht beseitigen konnte, hat der Käufer die Möglichkeit, anstatt eine Minderung des Kaufpreises zu verlangen, auch vom Kaufvertrag zurückzutreten.

Er kann also die Sache zurückgegeben und den Kaufpreis zurückverlangen.
Der Käufer hat demnach ein Wahlrecht, ob er bei einer fehlerhaften Kaufsache
vom Vertrag zurücktritt oder mindert. Dieses Wahlrecht endet aber mit dem
Zeitpunkt, in dem sich der Verkäufer mit dem vom Käufer gewählten Recht
(Rücktritt oder Minderung) einverstanden erklärt hat.

Voraussetzung für den Rücktritt
ist die ergebnislose Fristsetzung
zur Nacherfüllung.

Hat der Käufer bereits die Nacherfüllung unter Fristsetzung verlangt, ist eine weitere Fristsetzung
nicht erforderlich.

Schlägt die Nacherfüllung fehl,
verweigert der Verkäufer sie zu
Unrecht oder ist sie ihm nicht zumutbar, ist die Fristsetzung ebenfalls entbehrlich.

d) Einzelheiten zum Schadensersatzanspruch

Auch hier ist natürlich Voraussetzung, dass die Kaufsache fehlerhaft und der Mangel nicht auf
dem Wege der Nacherfüllung
vom Verkäufer beseitigt werden
konnte.

Wer im Bodensee tauchen möchte, muss sich
Gedanken über tauchen in kalten Gewässer
machen

Eine weitere Voraussetzung ist,
dass der Verkäufer die Pflichtverletzung aus dem Kaufvertrag zu vertreten hat.
Hier geht es insbesondere um die Fälle, in denen dem Kaufgegenstand eine
vom Verkäufer zugesicherte Eigenschaft fehlt oder der Verkäufer bei Abschluss
des Vertrages einen ihm bekannten Mangel arglistig verschwiegen hat.
Von einer Zusicherung spricht man, wenn der Verkäufer beim Vertragsabschluss deutlich gemacht hat, dass er unbedingt für das Vorhandensein einer
bestimmten Eigenschaft einstehen will.

> Wussten Sie übrigens, dass derjenige der sich überhaupt keine Gedanken macht, auch nicht irren kann? Denken Sie also immer über alles nach,
> sonst kann die Irrtumsanfechtung ausgeschlossen sein

Kauf von Tauchausrüstung

Arglistiges Verschweigen eines dem Verkäufer bekannten Mangels erfordert, dass dieser eine ihm obliegende Offenbarungspflicht verletzt hat und das Vorhandensein des Mangels kannte, oder er mit der Möglichkeit des Vorhandenseins eines Mangels zumindest gerechnet hatte.

Der Anspruch auf Schadensersatz wird nicht dadurch ausgeschlossen, dass der Käufer vom Vertrag zurückgetreten ist.

e) Einzelheiten zum »Ersatz vergeblicher Aufwendungen«

Anstelle des Schadensersatzes kann der Käufer Ersatz für Aufwendungen verlangen, die er im Vertrauen auf den Erhalt der Leistung, sprich der Kaufsache, gemacht hat und auch machen konnte. Hierunter sind solche Aufwendungen zu verstehen, die für den Käufer deshalb nutzlos geworden sind, weil der Kaufgegenstand nicht an ihn gelangte.

6. Beweislastfragen

Es wurde bereits an verschiedenen Stellen betont, dass der »Mangel«, der die Gewährleistungsrechte begründet, bereits zum Zeitpunkt der Übergabe der Kaufsache vorhanden gewesen sein muss. Weitere Informationen zu den Beweislastfragen erhalten Sie im Abschnitt über die Verbraucherschutzvorschriften (A II).

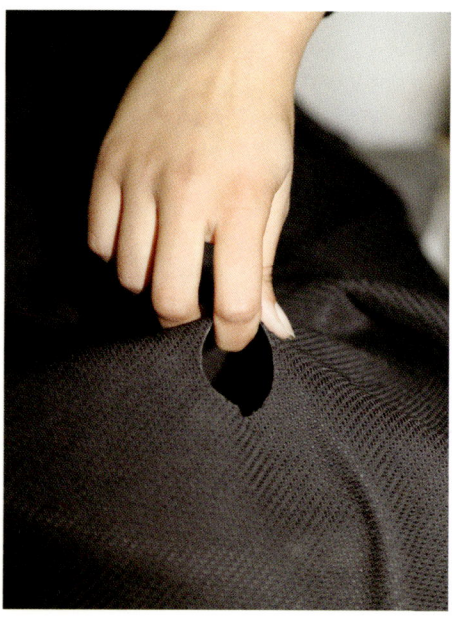

7. Die Unterscheidung zwischen Gewährleistungsrecht und Garantie

Der Verkäufer oder ein Dritter, z. B. der Hersteller, kann eine Garantieerklärung abgegeben, an die § 443 BGB bestimmte Forderungen stellt.

Diese Verkäufer- bzw. Herstellergarantie ist im Verhältnis zu den gesetzlichen Gewährleistungsrechten eine freiwillige Leistung.

Übernimmt daher der Verkäufer eine Garantie für eine bestimmte

Ein solches Loch im Trocki ist natürlich ein Sachmangel.

Beschaffenheit oder eine gewisse Haltbarkeit der Sache, stehen dem Käufer unbeschadet der gesetzlichen Rechte auch die Rechte aus der Garantie zu, und zwar unter den Bedingungen, die in der Garantieerklärung und in der einschlägigen Werbung hierzu angegeben worden sind.

Es muss somit in jedem Einzelfall geprüft werden, ob sich die Garantiezusage auf den Zustand der Ware zum Zeitpunkt der Beschaffung (Beschaffungsgarantie) oder den Zustand während einer bestimmten Zeitdauer (Haltbarkeitsgarantie) bezieht.

In § 477 BGB befinden sich Sonderbestimmungen für Garantien.

Diese müssen insbesondere leicht und verständlich abgefasst sein und wesentliche Angaben betreffend der Geltendmachung von Ansprüchen aus der Garantiezusage enthalten.

Wichtig ist, dass Garantieerklärungen von Herstellern neben den Rechten des Käufers gegen den Verkäufer stehen.

In der Regel liegt ein Garantievertrag vor, aus dem die Gewährleistungsrechte selbstständig geltend gemacht werden können.

Allerdings reichen die gesetzlichen Gewährleistungsrechte gegen den Verkäufer meist weiter, als diejenigen aus einer selbstständigen Garantie.

Wichtig kann die Unterscheidung wegen unterschiedlicher Verjährungsfristen sein.

Der Verkäufer gibt Ihnen z. B. zwölf Monate Garantie auf einen Reißverschluss eines Trockentauchanzuges. Nach elf Monaten stellt sich heraus, dass der Reißverschluss defekt ist. Weil der Fehler an dem Reißverschluss innerhalb der zwölfmonatigen Garantie eingetreten ist, muss der Verkäufer dafür einstehen. Dies gilt selbst dann, wenn der Fehler erst nach der Übergabe der Kaufsache aufgetreten ist.

Der Käufer hat ab Kenntnis des Fehlers also noch weitere zwei Jahre (gesetzliche Verjährungsfrist) Zeit, um z. B. vom Vertrag zurückzutreten oder die sonstigen bereits angesprochenen Gewährleistungsrechte geltend zu machen.

8. Die Rechte des Käufers bei einer verspäteten Lieferung der Kaufsache

Liefert der Verkäufer verspätet, hat der Käufer unter bestimmten Voraussetzungen die Möglichkeit, den Kaufgegenstand doch noch entgegenzunehmen, um dann gegebenenfalls wegen der Verzögerung noch zusätzlich Schadensersatz zu beanspruchen. Er kann aber auch vom Vertrag zurücktreten.

Mit diesen Themen beschäftigen wir uns in diesem Abschnitt.

a) Der Verzögerungsschaden

Den Schaden, der dem Käufer aus der verspäteten Lieferung der Kaufsache entsteht, nennt man den »Verzögerungsschaden«.

Er kann geltend gemacht werden, wenn die verspätete Lieferung für den Käufer noch von Interesse ist, er den Kaufgegenstand also noch erhalten möchte.

Damit der Käufer einen aus der verspäteten Lieferung sich ergebenden Schaden ersetzt bekommen kann, müssen nachfolgende Voraussetzungen vorliegen:

- Die Parteien des Kaufvertrages müssen einen wirksamen Kaufvertrag geschlossen haben.
- Die Lieferung muss fällig sein, das heißt der Kaufgegenstand hätte bereits geliefert werden müssen.

Ist in dem Vertrag kein genauer Liefertermin benannt worden, muss der Verkäufer die Leistung sofort nach Abschluss des Kaufvertrages erbringen, wobei ihm eine angemessene Lieferzeit einzuräumen ist.

- Der Verkäufer muss gemäß den gesetzlichen Anforderungen gemahnt worden sein.

Es gibt auch die Fälle, in denen eine Mahnung entbehrlich ist, weil z. B. der Verkäufer die Lieferung endgültig verweigert hat oder ein genauer Lieferzeitpunkt im Vertrag festgelegt worden ist.

- Der Verkäufer hat trotz der Mahnung nicht geliefert.
- Der Verkäufer hat die Nichtlieferung verschuldet, was kraft Gesetzes vermu tet wird. Er kann sich natürlich entlasten.

Liegen diese Voraussetzungen vor, hat der Käufer neben dem Anspruch auf Lieferung der Kaufsache auch Anspruch auf Ersatz des Schadens, der ihm durch die verspätete Lieferung tatsächlich entstanden ist.

Zu denken ist an die Mahnkosten, an einen etwa entgangenen Gewinn oder auch an Leihgebühren, die z. B. dadurch entstehen können, dass der Tauchausrüstungsgegenstand vor einer Urlaubsreise nicht geliefert wurde, und der Kunde sich diese Dinge am Urlaubsort leihen musste.

b) Der Rücktritt vom Vertrag

Alternativ kann der Käufer anstatt der Lieferung und des Ersatzes des entstan-

☞ **Nacherfüllung, Minderung, Rücktritt**
und
Schadensersatz
sind die wesentlichen Rechte des Käufers
bei einem Mangel!

denen Verzögerungsschadens auch vom Vertrag zurücktreten. Die Rücktrittserklärung hat die Folge, dass der Vertrag rückabgewickelt wird. Das Vertragsverhältnis wird so behandelt, als ob es nie bestanden hätte. Der Verkäufer muss nicht mehr liefern und der Käufer kann die Lieferung nicht mehr fordern.

Wurden bereits der Kaufpreis oder Teile von ihm bezahlt, müssen diese Beträge zurückgezahlt werden.

Nachfolgende Voraussetzungen müssen vorliegen, damit der Käufer bei verspäteter Lieferung vom Vertrag zurücktreten kann:

• Es muss ein wirksamer Kaufvertrag zustande gekommen sein.
• Die Lieferung muss fällig sein, hätte also schon vom Verkäufer ausgeliefert werden müssen. Ausnahmsweise kann der Käufer bereits vor der Fälligkeit der Leistung zurücktreten, wenn offensichtlich ist, dass die Voraussetzungen des Rücktritts eintreten werden. Der Verkäufer weist z. B. vor Fälligkeit dar auf hin, dass er den Atemregler nicht mehr besorgen kann.
• Eine dem Verkäufer gesetzte angemessene Frist zur Lieferung ist fruchtlos verlaufen. Auch hier ist die Fristsetzung entbehrlich, wenn der Verkäufer die Lieferung ernsthaft und endgültig verweigerte.

Hat der Verkäufer nur eine Teilleistung rechtzeitig erbracht, kann der Käufer trotzdem vom ganzen Vertrag zurücktreten, wenn er an der Teilleistung kein Interesse hat.

Der Käufer kann nicht vom Vertrag zurücktreten, wenn der Rücktrittsgrund ganz oder überwiegend in seinen Verantwortungsbereich fällt oder der Käufer sich in Verzug mit der Abnahme des Kaufgegenstandes befindet.

c) Schadensersatz wegen Nichterfüllung

Anstatt vom Kaufvertrag zurückzutreten, kann der Käufer bei verspäteter Lieferung auch Schadensersatz wegen Nichterfüllung verlangen. Das Vertragsverhältnis muss dann rückabgewickelt werden. Im Prinzip kann verwiesen werden auf die Ausführungen zum Rücktritt vom Kaufvertrag.

Bei Schadensersatz wegen Nichterfüllung kann der Käufer nicht nur den Verzögerungsschaden geltend machen, sondern auch die Mehrkosten, die gegebenenfalls für einen teureren Kauf eines Ausrüstungsgegenstandes bei einem anderen Händler entstehen.

d) Die Mahnung

Im obigen Text wurde mehrfach angesprochen, dass der Verkäufer gemahnt werden muss, um die Voraussetzungen für gewisse Rechtsfolgen zu schaffen. Deshalb möchte ich Sie noch über einige Dinge informieren, die Sie bei Mahnungen berücksichtigen sollten.

Grundsätzlich ist für die Mahnung keine besondere Form vorgeschrieben. Weil Sie aber nachweisen müssen, dass Sie tatsächlich auch gemahnt haben, empfiehlt es sich, entweder in einem Tauchgeschäft mit einer dritten Person vorstellig zu werden, die das geführte Mahngespräch zu einem späteren Zeitpunkt bestätigen kann.

Alternativ sollte die Mahnung schriftlich erfolgen, wobei Sie zu Beweiszwecken ein Einschreiben und Rückschein-Schreiben oder ein Einschreiben-Einwurf-Schreiben verwenden sollten.

In dem Mahnschreiben selbst müssen Sie den Verkäufer ausdrücklich zur Lieferung auffordern, und zwar unter Setzung einer Frist, die durchaus kurz bemessen sein kann (acht bis zehn Tage).

In § 286 Abs. 2 BGB sind Fälle geregelt, in denen nicht gemahnt werden muss. Danach bedarf es der Mahnung nicht, wenn

• für die Leistung eine Zeit nach dem Kalender bestimmt ist;
• der Leistung ein Ereignis vorauszugehen hat und eine angemessene Zeit für die Leistung in der Weise bestimmt ist, dass sie sich von dem Ereignis an nach dem Kalender berechnen lässt.

Ein solcher Fall liegt z. B. vor, wenn sich der Verkäufer verpflichtet, »spätestens nach Ablauf von drei Wochen nach Ostern« zu liefern. Dann wäre der Liefertermin ausreichend bestimmt, weil Sie den Ablauf von drei Wochen nach Ostern ja kalendermäßig bestimmen können. Etwas anderes würde aber gelten, wenn der Bezugspunkt »Ostern« nicht vereinbart worden wäre, wenn also gesagt worden wäre, die Lieferung habe »innerhalb von drei Wochen« zu erfolgen.

Danach bedarf es der Mahnung nicht, wenn
• der Verkäufer die Leistung ernsthaft und endgültig verweigert;

Ein Minderungsbegehren wird schriftlich fixiert.

• aus besonderen Gründen und unter Abwägung der beiderseitigen Interessen der sofortige Eintritt des Verzugs gerechtfertigt ist.

9. Die Verjährung der Gewährleistungsansprüche

Der Käufer hat zwei Jahre Zeit, beim Kauf einer beweglichen Sache die Gewährleistungsrechte geltend zu machen. Die Frist beginnt mit Ablieferung, das heißt Übergabe des Kaufgegenstandes, an den Käufer.
Wird der Kaufgegenstand, weil er mangelhaft ist, danach umgetauscht, beginnt die Verjährungsfrist für die Ersatzlieferung nicht neu zu laufen. Die zweijährige Verjährungsfrist verlängert sich nur um den Zeitraum von der Reklamation bis zum Umtausch der Kaufsache.
Ausnahmsweise unterliegen die Gewährleistungsansprüche einer dreijährigen Verjährungsfrist, wenn der Verkäufer den Käufer beim Abschluss des Kaufvertrages arglistig getäuscht hat.
Diese dreijährige Verjährungsfrist beginnt allerdings nicht mit der Übergabe des Kaufgegenstandes, sondern erst mit dem Schluss des Jahres, in dem der Käufer von der arglistigen Täuschung Kenntnis erlangt hat oder ohne grobe Fahrlässigkeit hätte Kenntnis erlangen können.

10. Fazit zum Thema »Der Kauf im Allgemeinen«

Damit haben wir in groben Zügen das Kauf- und Gewährleistungsrecht abgehandelt.
Nicht unerwähnt lassen werden sollte noch, dass sich die Verkäufer nicht selten auf ihre Allgemeinen Geschäftsbedingungen (AGB's) berufen. Über dieses Thema gibt es meterweise Fachliteratur. Ein Beitrag hierzu würde den Rahmen dieses Buches sprengen.
Hingewiesen werden sollte aber darauf, dass Sie die Verweisung von Händlern eben auf Allgemeine Geschäftsbedingungen nicht zurückschrecken lassen sollte, fachkundigen Rat in Anspruch zu nehmen. Oft verstoßen diese AGB's nämlich gegen zwingende gesetzliche Vorschriften, die Sie in den §§ 305 bis 310 BGB wiederfinden.
Diese angesprochenen gesetzlichen Bestimmungen dienen dem Schutz der Verbraucher, wobei wir uns dem nächsten Kapitel nähern.

Bei der Durchsetzung eines Schadensersatzanspruches muss man manchmal Zähne zeigen.

11. Fallbeispiele

Frage: Ich habe im Januar 2003 einen Trockentauchanzug erworben. Zu diesem Zeitpunkt hatte ich keinerlei Ahnung vom Trockentauchen. Deshalb habe ich mich bei der Größenauswahl komplett auf die Beratung des Geschäftes verlassen müssen. Ich bin 1,69 m groß. Der Anzug ist von der Stiefelsohle bis zur Halsmanschette 1,76 m lang. Im Schulterbereich misst der Anzug eine Breite von 70 m, wobei meine Schulterbreite nur 40 cm beträgt. Kann ich den Anzug wegen falscher Beratung zurückgeben?

Antwort: Ein rechtlich nicht unproblematischer Fall!
Es oblag zunächst Ihrer Entscheidung, den Trockentauchanzug käuflich zu erwerben. Eigentlich muss davon ausgegangen werden, dass Sie bereits bei der Anprobe die Differenz Ihrer Schul-

terbreite zu derjenigen des Trockentauchanzuges hätten feststellen können. Gegebenenfalls hätten Sie beim Verkäufer im Tauchsportgeschäft nachfragen müssen, ob denn der Trocki tatsächlich für Sie geeignet sei.

Der Anzug als solcher ist wohl nicht mit einem Mangel behaftet, welcher die Geltendmachung der gesetzlichen Gewährleistungsansprüche rechtfertigen könnte.

Wenn man Ihnen trotz Nachfrage aber tatsächlich suggeriert hat, der gekaufte Trokkentauchanzug sei der Richtige für Sie, und wenn Sie aufgrund der Größe des Anzuges tatsächlich bei Tauchgängen durch den nicht richtig passenden Anzug beeinträchtigt werden, kann davon ausgegangen werden, dass Sie bei Abschluss des Kaufvertrages einem sog. Eigenschaftsirrtum zum Opfer gefallen sind. Dieser würde dann zur Anfechtung des Kaufvertrages berechtigen, wenn Sie den Kaufvertrag bei Kenntnis der wahren Sachlage und bei verständiger Würdigung nicht abgeschlossen hätten.

Letztendlich müssen Sie »Ihr Recht« aber auch beweisen können.

Meine Empfehlung wäre, zunächst einmal im Tauchsportgeschäft vorstellig zu werden, um auf die Falschberatung aufmerksam zu machen. Ist der Geschäftsinhaber verständig, müsste sich eigentlich eine für alle Beteiligten zufrieden stellende Lösung finden.

Kauf von Tauchausrüstung

Frage: In der vergangenen Zeit werden immer mehr Tauchausrüstungsgegenstände von »privat an privat« verkauft. Besteht gegenüber Privatpersonen überhaupt ein Gewährleistungsanspruch? Wie steht es um die Klausel »Gekauft wie gesehen und unter Ausschluss von Gewährleistungsansprüchen«?

Antwort: Ein Gewährleistungsausschluss bei Kaufverträgen über gebrauchte Waren zwischen Verbrauchern ist möglich.

Der Haftungsausschluss unter Privaten ist nur dann unwirksam, wenn der Verkäufer Mängel arglistig verschweigt oder der Kaufgegenstand zugesicherte Eigenschaften nicht besitzt. Für diese Fälle haftet der Verkäufer sogar innerhalb einer Verjährungszeit von drei Jahren.

Bei einem Kauf von Privaten ist es daher empfehlenswert, sich möglichst viel vertraglich zusichern zu lassen.

Die normale Verjährungsfrist bei Kaufmängeln beträgt zwei Jahre.

Wer gebrauchte Sachen verkauft, sollte daher immer einen Gewährleistungsausschluss vereinbaren, wenn er nicht zwei Jahre in der Haftung sein will.

Etwas anderes gilt beim Kauf gebrauchter Tauchausrüstungsgegenstände von einem Unternehmer. Diese können die Mängelhaftung nicht gänzlich ausschließen. Sie können sie aber auf ein Jahr begrenzen.

Frage: Im Januar 2004 habe ich einen Computer gekauft, der schon nach dem 3. Tauchgang (Juli 2004) seinen Geist aufgab. Der Händler will ihn nun reparieren lassen. Ich möchte aber einen neuen Rechner, was aber verweigert wird. Zu Recht?

Antwort: Nein! Sie können gemäß § 439 BGB als Nacherfüllung nach Ihrer Wahl entweder die Beseitigung des Mangels oder die Lieferung einer mangelfreien Sache, also eines neuen Computer, verlangen. Voraussetzung ist nur, dass tatsächlich ein Mangel vorliegt, der vom Verkäufer bzw. Hersteller zu vertreten ist.

II. Die Einbeziehung der Verbraucherschutzvorschriften beim Kauf von Tauchausrüstungsgegenständen

1. Allgemeine Hinweise

Ein Verbrauchsgüterkauf liegt gemäß § 474 BGB vor, wenn ein Verbraucher von einem Unternehmer eine bewegliche Sache kauft. Es gelten dann eine Reihe besonderer Verbraucherschutzvorschriften.

Verbraucher ist nach § 13 BGB jede natürliche/juristische Person oder rechtsfähige Personengesellschaft, die ein Rechtsgeschäft zu nicht gewerblichen oder beruflichen Zwecken abschließt.

Verbraucher ist somit auch jeder Gewerbetreibende oder Berufstätige, solange die bestellte Ware oder Dienstleistung nicht seinem gewerblichen Zweck dient.

Telefonische Rechtsberatung über das Thema »Verbraucherschutzvorschriften«.

Unternehmer ist nach § 14 BGB jede natürliche/juristische Person oder rechtsfähige Personengesellschaft, die bei Abschluss eines Rechtsgeschäfts in der Ausübung ihrer gewerblichen oder selbstständigen beruflichen Tätigkeit handelt.

Für den Verbrauchsgüterkauf enthält das Gesetz gegenüber dem Kaufvertragsrecht besondere Regelungen, die weitgehend dem Schutz des Verbrauchers in seiner Eigenschaft als Käufer dienen.

So muss z. B. eine Garantieerklärung, wie wir schon gehört haben, einfach und verständlich sein. Sie muss den Hinweis auf die gesetzlichen Rechte des Verbrauchers enthalten und klarstellen, dass diese durch die Garantie nicht eingeschränkt werden.

Jede zum Nachteil des Verbrauchers im Kaufvertrag in Bezug auf

Der Kauf einer Maske durch einen Taucher bei einem Händler ist ein Verbrauchsgüterkauf.

seine Sachmängelansprüche getroffene Regelung ist unwirksam.

Damit stehen dem Verbraucher in jedem Fall alle gesetzlich geregelten Sachmängelansprüche – unabhängig von einem vertraglich vereinbarten Haftungsausschluss oder einer Haftungsbeschränkung – zu, mit Ausnahme des Schadensersatzanspruchs.

Zulässig sind aber Mängelvereinbarungen, die nach der Mitteilung eines Mangels an den Verkäufer geschlossen werden. In diesen Fällen wird dann nämlich nur eine andere Art der Abwicklung eines Gewährleistungsfalls vereinbart.

Auch gilt gemäß § 476 BGB eine Beweislastumkehr. Danach muss beim Vorliegen eines Sachmangels innerhalb der ersten sechs Monate seit Gefahrübertragung der Verbraucher einen solchen nur behaupten, und der Unternehmer muss im Zweifel den Gegenbeweis führen, dass nämlich der Verbraucher für den Mangel (z. B. durch unsachgemäßen Umgang oder mutwillige Beschädigung) selbst verantwortlich ist.

Nach § 474 Abs. 2 BGB gilt die Vorschrift des § 447 BGB über den Gefahrübergang beim Versendungskauf nicht. Das heißt, dass ein Unternehmer, der die Sache auf Wunsch des Kunden an dessen Wohnsitz versendet, bis zum Empfang der Ware durch den Verbraucher für Transportschäden haftet.

2. Verjährungsfragen

Beim Verbrauchsgüterkauf kann der Unternehmer (als Verkäufer) bei Neuwaren die Verjährungsfrist von zwei Jahren nicht einschränken.
Bei gebrauchten beweglichen Sachen kann die Verjährungsfrist nicht auf weniger als ein Jahr reduziert werden (§ 475 Abs. 2 BGB).

3. Der sog. Rückgriff in der Lieferkette

Um den Verkäufer (Unternehmer) nicht über Gebühr zu belasten, wurden in den §§ 478, 479 BGB Rückgriffsansprüche gegen den Lieferanten des Unternehmers geschaffen. Dazu gehört insbesondere der Aufwendungsersatzanspruch des § 478 BGB. Voraussetzung ist, dass es sich um neu hergestellte Sachen handelt und am Ende der Lieferkette ein Verbraucher gestanden hat.
Weiter muss der Mangel bereits bei Gefahrübergang auf den Unternehmer vorgelegen haben. Die Beweiserleichterungsvorschrift des § 476 BGB findet dabei in modifizierter Form Anwendung (§ 478 Abs. 3 BGB).
Schließlich muss der Unternehmer die Minderung oder den Rücktritt des Kunden akzeptiert haben. Bloße Kulanz gewährt kein Rückgriffsrecht.

Juristische Fachliteratur.

Anspruchsverpflichtet ist der jeweilige Lieferant in der Lieferkette, der dem Anspruchsteller geliefert hat.

Am Ende der Lieferkette steht der »Hersteller«. Wer das ist, kann problematisch sein, wenn das Produkt aus verschiedenen Komponenten von Zulieferanten zusammengesetzt wurde. Hier dürfte auf den Verbraucherhorizont abzustellen sein. Hersteller eines Lungenautomaten ist z. B. ein bestimmter Markeninhaber und nicht z. B. diejenige Firma, welche die erforderlichen O-Ringe lieferte.

Ein Rückgriffsanspruch des Herstellers gegen seine Zulieferer ist von den §§ 478, 479 BGB nicht mehr gedeckt.

Die Verjährung der Ansprüche tritt nach zwei Jahren ein. Sie beginnt allerdings erst zwei Monate nach Erfüllung der Ansprüche des Verbrauchers bzw. Käufers zu laufen und endet spätestens fünf Jahre nach Lieferung des Herstellers an den Unternehmer.

4. Fallbeispiel

Frage: Im März 2004 habe ich in einem Tauchsportgeschäft einen Trocki gekauft. Schon beim ersten Tauchgang merkte ich, dass an verschiedenen Nähten Wasser eindrang. Ich reklamierte den Mangel. Der Verkäufer schickte den Anzug zum Hersteller. Dort wurde festgestellt, dass der Anzug grundsätzlich falsch genäht wurde. Man versuchte, durch Aufschneiden, Neuverkleben und Vernähen der betroffenen Stellen alle Undichtigkeiten zu beseitigen. Der Hersteller schlug mir dann auch noch vor, den Anzug bei ihm selbst abzuholen. Bin ich eigentlich verpflichtet, bei einem fehlerhaft hergestellten Produkt die Nachbesserung zu akzeptieren? Muss ich überhaupt mit dem Hersteller verhandeln? Kann ich vom Händler einen fehlerfreien Anzug verlangen? Bekomme ich mein Geld zurück, wenn der Händler einen neuen Anzug nicht mehr vorrätig hat?

Antwort: Ansprechpartner ist das Tauchsportgeschäft, weil der Inhaber Ihr Vertragspartner ist. Mit dem Hersteller des Trockentauchanzuges haben Sie nichts zu tun.

Weil der Anzug mangelhaft ist, können Sie vom Verkäufer als Nacherfüllung Ihrer Wahl entweder die Beseitigung des Mangels verlangen oder die Lieferung einer mangelfreien Sache.

Das Gesetz gibt dem Käufer somit ein Wahlrecht. Aufgrund der Fragestellung muss ich davon ausgehen, dass Sie sich dafür entschieden haben, die Mängel am Tauchanzug beseitigen zu lassen. Deshalb müssen Sie innerhalb einer angemessenen Frist abwarten, ob die Nachbesserung zu einem Erfolg geführt hat.

Ist dies nicht der Fall, stehen Ihnen weitergehende Rechte zu, wie z. B. der Rücktritt vom Kaufvertrag.
Wird der Rücktritt erklärt, ist der Händler verpflichtet, Ihnen den Kaufpreis zu erstatten. Dies gilt im Übrigen auch dann, wenn der Händler keinen Anzug mehr in Ihrer Größe liefern kann. Die gesetzlichen Bestimmungen sind vorliegend auch nicht durch Allgemeine Geschäftsbedingungen abdingbar, weil es sich um einen Verbrauchsgüterkauf handelt, d. h. um ein Rechtsgeschäft zwischen einem Unternehmer und einem Verbraucher. Hier wird der Verbraucher besonders geschützt.

III. Der Kauf von Tauchausrüstungsgegenständen über das Internet

Sie haben bereits schon gehört, dass ein Vertrag dann zustande kommt, wenn zwei Willenserklärungen abgegeben werden, wobei die erste Willenserklärung das Angebot zum Abschluss eines Vertrages durch den Käufer darstellt, und die zweite die Annahme dieses Angebotes durch den Verkäufer ist.

Nichts anderes gilt beim Internetkauf. Nur der Weg dorthin gestaltet sich stolpriger.

Die Frage, die sich stellt, ist diejenige, ob nämlich schon die Präsentation von Ware auf einer Website ein juristisches Angebot gerichtet auf den Abschluss eines Vertrages ist.

Wenn man dies bejahen wollte, dann wäre die Konsequenz, dass der Käufer bereits durch das Drücken eines Bestellbuttons ein Angebot annehmen könnte mit der weiteren Folge, dass bereits ein Vertrag zustande gekommen wäre.

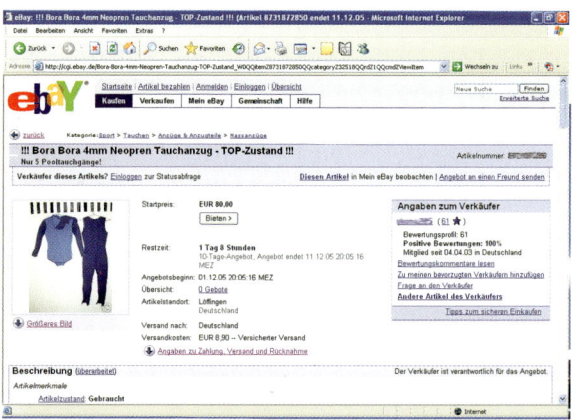

Könnte der Anbieter z.B. die angebotenen Flossen dann aber nicht liefern, weil sie vergriffen sind, würde er sich gegebenenfalls schadensersatzpflichtig machen.

Deshalb wird die Internetpräsentation von Kaufgegenständen durch den Verkäufer rechtlich eingeordnet als Aufforderung an den Kunden, ein Angebot abzugeben.

Nicht immer kann man erkennen, ob es sich bei den Angeboten im Internet um einen Händler oder eine Privatperson handelt

Das Anbieten einer Leistung oder einer Ware auf einer Website stellt daher regelmäßig noch kein Angebot zum Abschluss eines Vertrages dar, sondern ist vielmehr nur eine Aufforderung zur Abgabe eines Angebots an mögliche potenzielle Kunden.

Dieses Angebot des Kunden kann der Anbieter der Ware annehmen oder auch nicht.

Das Online-Shopping wird also nicht anders behandelt, als der Einkauf in einem normalen Geschäft. Auch dort stellt ja die Präsentation von Waren, z. B.

im Schaufenster oder in einem Werbeprospekt, in der Regel noch kein Angebot zum Abschluss eines Kaufvertrages dar. Vielmehr soll hierdurch der Kunde aufgefordert werden, selbst ein Angebot abzugeben.

Stellen Sie sich folgende Situation vor: Sie finden in einem Internetshop einen Tauchcomputer zu einem günstigen Preis, den Sie erwerben möchten.
Sie wissen, dass Sie selbst ein Kaufangebot unterbreiten müssen, das dem Internetshopbetreiber auch zugehen muss. Erinnern Sie sich daran, dass die Kenntnis vom Zeitpunkt des Zugangs einer Willenserklärung z. B. wichtig sein kann für die Frage, wann Ihr Kaufangebot überhaupt wirksam geworden ist.
Ihren Vertragspartner sehen Sie beim Internetkauf nicht. Sie stehen ihm nicht »Auge um Auge« gegenüber. Man spricht hier von einer »Erklärung unter Abwesenden«, für die § 130 BGB gilt. Nach dieser Vorschrift wird eine Willenserklärung, also Ihr Kaufangebot, wirksam, wenn sie so in den Machtbereich des Internetanbieters gelangt ist, dass unter normalen Verhältnissen mit einer Kenntnisnahme gerechnet werden kann.
Fraglich ist nur, wann wir hiervon ausgehen können.
Im Offline-Verkehr ist anerkannt, dass eine Willenserklärung dann den Empfänger erreicht hat, wenn diese in seinen Machtbereich gelangt ist. Natürlich muss der Empfänger auch die Möglichkeit haben, von ihr Kenntnis zu nehmen.
Bei der normalen täglichen Post geht Ihnen eine Briefsendung zu, wenn sie z. B. durch den Briefträger in Ihren Briefkasten geworfen worden ist. Es ist nicht erforderlich, dass Sie vom Inhalt des Briefes Kenntnis nehmen.
Ähnlich hat die Rechtsprechung bei der Frage nach dem Zeitpunkt des Zugangs von E-Mails argumentiert. Diese sollen dann beim Empfänger angekommen sein, wenn sie seinen Mailserver erreicht haben. Wenn der Internetanbieter die Kaufangebote dort nicht abruft, geht dies zu seinen Lasten.
Wir wissen nun, wann Ihr Angebot zum Ankauf des Tauchcomputers beim Internetanbieter angekommen ist.
Gelernt haben wir aber auch, dass ein Kaufvertrag erst dann zustande kommt, wenn das Kaufangebot angenommen worden ist.
Sie erinnern sich! Beim Internetkauf gelten Willenserklärungen als unter Abwesenden abgegeben.
§ 147 Abs. 2 BGB bestimmt, dass ein Angebot unter Abwesenden nur bis zu dem Zeitpunkt angenommen werden kann, in welchem der Antragende den Eingang der Antwort unter regelmäßigen Umständen erwarten darf. Im Offline-Verkehr werden Daten in Sekundenschnelle übermittelt. Deshalb können Sie auch erwarten, dass Ihr Angebot auch entsprechend schnell angenommen wird.

Wird erst verspätet reagiert, muss ernsthaft überprüft werden, ob Sie überhaupt noch an Ihr Angebot gebunden sind. Falls dies nicht der Fall ist, müssen Sie die Ware weder abnehmen noch bezahlen.

Dann gibt es noch den § 151 BGB, der besagt, dass ein Vertrag auch zustande kommt, ohne dass die Annahme dem Antragenden gegenüber erklärt werden braucht. Dies ist dann der Fall, wenn eine solche Erklärung nach der Verkehrssitte nicht zu erwarten ist oder der Antragende auf sie verzichtet hat.

Dies wird in den meisten Fällen des Internetkaufs der Fall sein. Wenn Sie Ihr Angebot zum Ankauf des Tauchcomputers beim Internetanbieter vorgebracht haben, erwarten Sie, dass dieser auch geliefert wird. Einer besonderen Annahmeerklärung bedarf es beim Internetkauf daher nicht.

Abschließend nun ein Fallbeispiel:

Frage: In einer Tauchzeitschrift im Dezember des letzten Jahres hat ein Geschäft eine Lampeneinheit mit Digitalgehäuse äußerst günstig angeboten zu einem Preis von 690,00 €. Diese Offerte wurde auch geschaltet auf der Homepage des Händlers. Ich habe dann sofort zu der Firma Kontakt aufgenommen und wollte die abgebildete Lampeneinheit zu dem angebotenen Preis kaufen. Man teilte mir aber mit, dass die Lampeneinheit tatsächlich weit über 800,00 € kosten würde. Muss sich der Vertreiber an den ursprünglichen Angebotspreis von 690,00 € festhalten lassen?

Antwort: Nur dann, wenn es sich bei den Werbeanzeigen in der Zeitschrift bzw. auf der Homepage des Händlers um ein Angebot zum Abschluss eines Kaufvertrages handeln würde. Dem ist aber leider nicht so. Wer nämlich u. a. Inserate aufgibt, erklärt damit nur, dass er die dort aufgeführten Waren oder Gegenstände, solange der Vorrat reicht bzw. der Gegenstand nicht anderweitig veräußert ist, zu den dort aufgeführten Bedingungen verkaufen will. Dieser Erklärungstatbestand lässt nicht darauf schließen, dass sich der Erklärende rechtlich binden will. Unter Berücksichtigung der Verkehrssitte und Treu und Glauben darf der Empfänger (Kunde) daraus nur entnehmen, dass er aufgefordert wird, seinerseits ein Kaufangebot zu machen und der »Erklärende« (Verkäufer) erst dann entscheiden will, ob er dieses Angebot annimmt oder nicht. In der Praxis bedeutet dies somit, dass Sie gegenüber dem Händler ein Angebot zum Abschluss eines Kaufvertrages abgegeben haben zu einem Kaufpreis von 690,00 €. Dieses Angebot wurde dann vom Vertreiber nicht angenommen, vielmehr unterbreitete er Ihnen eine neue Offerte zum Ankauf einer Lampeneinheit zu einem höheren Kaufpreis. Grundsätzlich gilt nichts anderes, wenn der Anbieter auf seiner Website bestimmte Waren zu einem bestimmten Preis anbietet. Nur dann, wenn der Anbieter eben auf seiner Website den Anschein erweckt, der Vertrag würde bereits mit der Bestellung zustande kommen, was regelmäßig bei der Inanspruchnahme von »On-Demand-Diensten« (z. B. Downloadverträge) der Fall sein dürfte, ist dieser an sein Angebot nebst Preisangabe gebunden. Als Ergebnis ist somit festzuhalten, dass Sie leider gegen den Vertreiber der Lampeneinheit keinen kaufvertraglichen Anspruch auf Lieferung gegen Zahlung eines Kaufpreises in Höhe von 690,00 € haben.

Eine andere Frage ist, ob das Verhalten des Anbieters wettbewerbsrechtlich zu beanstanden ist. Für eine solche Überprüfung fehlen aber die erforderlichen Anhaltspunkte.

IV. Der Kauf von Tauchausrüstungsgegenständen durch Fernabsatzverträge

Im Zusammenhang mit dem Internetkauf taucht oft der Begriff des »Fernabsatzvertrages« auf. Was ist damit gemeint?

Die Vorschriften für Fernabsatzverträge sind nach den §§ 312b ff. BGB anwendbar bei Verträgen über die Lieferung von Waren oder die Erbringung von Dienstleistungen, die zwischen Unternehmer und Verbraucher unter ausschließlicher Verwendung von Fernkommunikationsmitteln abgeschlossen worden sind.

Daraus folgt schon, dass bei Verträgen zwischen zwei Verbrauchern ebenso wenig die Bestimmungen für Fernabsatzverträge Anwendung finden wie bei solchen, bei denen auf beiden Seiten Unternehmer stehen.

Sie erinnern sich sicherlich noch aus dem Abschnitt »Verbrauchsgüterkauf«, wer Verbraucher und wer Unternehmer ist, so dass wir dies hier nicht wiederholen müssen.

Der Vertrag zwischen dem Verbraucher und dem Unternehmer muss unter ausschließlicher Verwendung von Fernkommunikationsmitteln zustande gekommen sein. Dies sind alle Kommunikationsmittel, die zum Abschluss eines Vertrages ohne gleichzeitige Anwesenheit der Vertragspartner eingesetzt werden, wie z. B. E-Mail, Telefonanrufe, Briefe, Kataloge, Faxe, etc.

Hervorzuheben ist, dass sich Unternehmer und Verbraucher bis zum Zeitpunkt des Vertragsschlusses nicht persönlich begegnen dürfen.

Sowohl die Vertragsanbahnung als auch der Vertragsabschluss müssen ausschließlich über die Fernkommunikationstechnik erfolgen. Dies ist für die Vertragsanbahnung ausdrücklich gesetzlich geregelt.

Die Vertragsabwicklung muss aber nicht auf elektronischem Weg erfolgen.

Keine Anwendung findet das Fernabsatzgesetz bei
- Verträgen über Finanzgeschäfte (Bankgeschäfte, Wertpapiergeschäfte, Verscherungsgeschäfte etc)
- Lieferungen von Lebensmitteln, Getränken und anderen Haushaltsgegenständen des täglichen Bedarfs
- Grundstücksverträgen
- Fernunterrichtsverträgen
- Beförderungs- und Unterbringungsverträgen

Näheres ist geregelt in § 312b Abs. 3 BGB. Das Fernabsatzgesetz enthält einen Mindestschutz für Verbraucher. Wenn andere Vorschriften für den Verbraucher günstiger sind, finden diese Anwendung.

Der Unternehmer muss den Verbraucher bei der Vertragsanbahnung über Geschäftszweck und Identität des eigenen Unternehmens aufklären, und zwar über
- die vollständige Anschrift des Unternehmens
- die wesentlichen Merkmale der angebotenen Waren oder Dienstleistungen
- den Preis einschließlich aller Steuern, Versand- und Lieferkosten
- das Bestehen eines Widerrufs- oder Rückgaberechts nach §§ 355, 356 BGB
- Bestehen der Liefervorbehalte
- den Zeitpunkt des Zustandekommens des Vertrages
- über die Gültigkeitsdauer befristeter Angebote

Diese Angaben gemäß § 312c BGB sollen dem Kunden vor Abgabe der Bestellung mitgeteilt werden, und zwar in Textform, spätestens aber bei vollständiger Erfüllung des Vertrages, das heißt, bei der Lieferung der Ware.

Dem Verbraucher steht nach § 355 BGB ein Widerrufsrecht oder nach § 356 BGB ein Rückgaberecht zu.

Er kann den Vertrag innerhalb von zwei Wochen ohne Angaben von Gründen widerrufen. Die Frist beginnt, wenn der Kunde über sein Widerrufsrecht belehrt wurde und er die Ware bzw. Dienstleistung erhalten hat. Der Widerruf kann ausdrücklich (z. B. per E-Mail) oder indirekt (z. B. durch Rücksendung der Ware) erfolgen.

Die Frist ist bei rechtzeitiger Absendung der Ware gewahrt. Auf den Zeitpunkt des Zugangs beim Verkäufer kommt es nicht an.

Wird der Kunde erst nach Vertragsabschluss auf das Widerrufsrecht aufmerksam gemacht, gilt eine Widerrufsfrist von einem Monat.

Die Beweislast für die Widerrufsbelehrung liegt beim Unternehmer.

Wird über den Widerruf überhaupt nicht belehrt, hat der Verbraucher ein zeitliches unbegrenztes Widerrufsrecht.

Das Widerrufsrecht kann bei Vertragsschluss durch ein Rückgaberecht nach § 356 BGB ersetzt werden. Eine Begründung für die Rücksendung ist auch hier nicht erforderlich. Es gilt dieselbe Frist wie für den Widerruf. Sie beginnt aber erst ab Erhalt der Ware zu laufen.

Nachdem der Widerruf erklärt wurde, hat der Verbraucher einen Anspruch auf Rückzahlung des Kaufpreises. Er muss die Ware zurücksenden, wobei der Verkäufer grundsätzlich die Rücksendekosten zu tragen hat.

Die Kosten für die Rücksendung können dem Verbraucher aber bei einem Warenwert bis zu 40,00 € auferlegt werden, z. B. im Rahmen von Allgemeinen Geschäftsbedingungen. Dies gilt nicht, wenn eine völlig andere Ware als die bestellte geliefert wurde.

Bei Waren,
• die nach speziellen Wünschen des Kunden gefertigt wurde
• die aufgrund ihrer Beschaffenheit nicht für eine Rücksendung
  geeignet sind

und bei Verträgen
• über verderbliche Ware
• über Audio- oder Videoaufzeichnungen
• über Software, soweit diese entsiegelt wurde
• in Versteigerungen
gilt das Fernabsatzgesetz gemäß § 312d Abs. 4 BGB nicht.

Die Frage, die Sie sich jetzt sicherlich stellen werden, wird sein: »Was ist mit eBay-Auktionen?«

Freuen Sie sich auf das nächste Kapitel.

V. Der Handel mit Tauchausrüstungsgegenständen über eBay

1. Allgemeine Rechtsgrundlagen

Der Internethandel boomt. Besonders großer Beliebtheit erfreut sich dabei der Internetmarktplatz »eBay«.

Die rechtliche Einordnung der bei eBay und vergleichbaren Anbietern getätigten Geschäfte hat aufgrund des großen Umfanges auch zunehmend die Rechtsprechung beschäftigt.

Obwohl Internetauktionen im Sprachgebrauch gerne als Versteigerungen bezeichnet werden, handelt es sich trotzdem nicht um solche im Sinne des Gesetzes (§ 156 BGB).

Dies wurde zwar vereinzelt von Gerichten angenommen, stellte aber letztlich eine Mindermeinung dar.

Eine echte Versteigerung setzt nämlich, anders als beim Handel über eBay, die Erteilung eines Zuschlags voraus.

Aufgrund der Allgemeinen Geschäftsbedingungen bei eBay, gibt der Verkäufer mit dem Einstellen der Ware bereits verbindlich ein Angebot ab, den Kaufgegenstand (»Versteigerungsgegenstand«) zum »Höchstgebot« oder dem »Sofort-Kaufpreis« zu übereignen.

Der Vertrag kommt dann mit Ablauf der vorgegebenen Zeit automatisch zwischen Höchstbietendem und Verkäufer zustande.

Wie wir bereits im Abschnitt »Der Kauf im Allgemeinen« gehört haben, ist der Verkäufer dem Käufer verpflichtet, die Ware zu übergeben, und der Käufer muss den Kaufpreis bezahlen.

Nichts anderes gilt bei eBay-Geschäften.

Es handelt sich um einklagbare Ansprüche.

Wird nicht gezahlt oder geliefert, kann vom Vertrag zurückgetreten und Schadensersatz geltend gemacht werden. Es gelten hier die allgemeinen Regeln, die bereits abgehandelt wurden.

Es war lange streitig, ob der Käufer oder der Verkäufer bei einem eBay-Geschäft ohne Grund einfach vom Kaufvertrag zurücktreten kann.

Der Bundesgerichtshof hat zwischenzeitlich in einem Grundsatzurteil klargestellt, dass die Regeln des Fernabsatzgesetzes auch für Verträge gelten, die über Auktionsplattformen, wie z. B. eBay, geschlossen werden.

Damit steht auch fest, dass einem Verbraucher, der mit einem Unternehmer einen Vertrag schließt, ein Widerrufsrecht zusteht. Auch hier kann sich der Käufer ohne Angaben von Gründen vom Vertrag lösen und die Ware zurückschicken, selbst wenn diese völlig in Ordnung ist und keine Mängel vorhanden sind.

Ob jemand aber als Unternehmer verkauft, ist in vielen Fällen nicht einfach festzustellen.

Die Unternehmereigenschaft ist unter anderem dadurch zu erkennen, dass ein eigener Shop betrieben oder als »Powerseller« aufgetreten wird.

Auch der einzelne Verbraucher kann schnell zum Unternehmen werden, wenn er gewerbliche »nebenbei«-Verkäufe tätigt.

Dies lässt sich in der Regel aus den Bewertungen der einzelnen Verkäufer ablesen. Anhaltspunkte für eine Unternehmereigenschaft liegen auch dann vor, wenn in kurzer Zeit viele und gleichartige Verkäufe vorgenommen werden.

Weil es für die Unternehmereigenschaft nicht auf den inneren Willen des Verkäufers ankommt, sondern auf das objektive Auftreten nach außen, kann der vermeintliche »Privatverkäufer« rechtlich durchaus als »Unternehmer« eingestuft werden.

Im Hinblick auf das Widerrufsrecht selbst, kann Bezug genommen werden auf die entsprechenden Ausführungen im Abschnitt »Fernabsatzverträge«.

2. Gewährleistung

Weil bei den eBay-Auktionen Kaufverträge zustande kommen, richtet sich das Gewährleistungsrecht nach den bereits angesprochenen Bestimmungen im Bürgerlichen Gesetzbuch. Insoweit kann grundsätzlich Bezug genommen werden auf die Ausführungen im Abschnitt »Der Kauf im Allgemeinen«.

Bei einem Geschäft zwischen einem Unternehmer und einem Verbraucher gelten die Regelungen des Verbrauchsgüterkaufs (vergleiche »Der Kauf im Allgemeinen«).

3. Verlust oder Beschädigung der Ware auf dem Postweg

Bei eBay-Auktionen wird der Kaufgegenstand in der Regel versandt.

Gemäß § 447 BGB gilt, dass der Käufer in dem Augenblick, in dem der Verkäufer die Ware ordnungsgemäß verpackt bei der Post oder einem Spediteur aufgegeben hat, die Verantwortung für eine Beschädigung oder einen Verlust während des Transportes hat.

Auch hier ist der Unternehmer schlechter gestellt als der private Verkäufer.

Er trägt nämlich die Verantwortung für eine Beschädigung der Sache beim Versand oder für den Verlust während des Transportes. Kommt die Sache nicht an, hat der gewerbliche Verkäufer für Ersatz zu sorgen.

4. Der Kaufpreis ist bezahlt, aber die Lieferung bleibt aus

Es kommt leider immer häufiger vor, dass nach dem Bezahlen nichts mehr passiert. Der Verkäufer meldet sich nicht mehr.
Dann gibt es eigentlich nur zwei Varianten:
Entweder Sie sind einem Betrüger aufgesessen. Dann sollten Sie unverzüglich bei der Polizei oder der Staatsanwaltschaft eine Strafanzeige erstatten.
Oder der Verkäufer will oder kann nicht liefern. Er versucht, durch Aussitzen die Rückerstattung des Geldes zu verhindern. Dann sollten Sie ihm schriftlich, am besten durch Einschreibe-Brief, eine verbindliche Frist zur Warenlieferung setzen. In dem Schreiben müssen Sie dann darauf hinweisen, dass Sie vom Vertrag zurücktreten und die Rückerstattung des Kaufpreises beanspruchen werden, wenn der Verkäufer seiner Lieferungsverpflichtung nicht fristgerecht nachkommt. Eine Terminsbestimmung von acht bis zehn Tagen ist angemessen.
Erfolgt keine Reaktion, können Sie das gerichtliche Mahnverfahren einleiten, um Ihr Geld zurückzuerhalten. Gegebenenfalls lassen Sie sich bitte juristisch beraten.

5. Handeln mit Minderjährigen

Hier gilt der Begriff der beschränkten Geschäftsfähigkeit.
Diese liegt bei Personen vor zwischen der Vollendung des 7. und des 18. Lebensjahres. Man nennt diese Altersgruppe auch »die Minderjährigen«. Beschränkt Geschäftsfähige können zwar einen Vertrag schließen. Dieser bedarf allerdings regelmäßig der Genehmigung der gesetzlichen Vertreter, also grundsätzlich der Eltern. Erklären sich diese nicht, das heißt, stimmen sie nicht zu, gilt der Vertrag als nicht geschlossen und entfaltet keine Rechtsfolgen.
Sie wissen, dass Minderjährige zwischen sieben und achtzehn Jahren (Jugendliche) nach dem Gesetz nur »bedingt geschäftsfähig« sind. Dies bedeutet, dass sie lediglich im Rahmen ihres Taschengeldes rechtsverbindliche Verträge tätigen können. Dies ist gesetzlich verankert in § 110 BGB.
Alle größeren Geschäfte sind schwebend unwirksam, wenn der gesetzliche Vertreter nicht vorher eingewilligt hat oder nachträglich genehmigt.
Hat z. B. Ihr bedingt geschäftsfähiges Kind über eBay Tauchausrüstungsgegenstände käuflich erworben, kann der Verkäufer die Eltern (gesetzliche Vertreter) zur Erklärung über die Genehmigung auffordern. Rühren Sie sich bis zum Ablauf von zwei Wochen nicht, gilt die Genehmigung als verweigert.
Der Verkäufer muss dann auch die Kosten der Rücksendung tragen.

6. Steuerpflicht für eBay-Verkäufer

In letzter Zeit haben die Finanzbehörden ein Auge auf gewerbliche Verkäufer geworfen. Es gibt bereits zahlreiche Sonderermittler bei der Steuerfahndung, um Schwarzmarkthändler aufzuspüren.

Viele Flohmarkt- und Garagenhändler nutzen die eBay-Plattform zum gewerblichen Massenverkauf, ohne die entsprechenden Steuern anzugeben oder abzuführen. Als Privatperson können Sie jedoch so viel aus Ihrem privaten Tauchartikelbestand verkaufen, wie Sie wollen. Steuern fallen nicht an.

7. Der gewerbliche Verkäufer bei eBay

Ihm sind gewisse Verpflichtungen auferlegt.

Er muss z. B. die Vorschriften zum Verbrauchsgüterkauf (§§ 474 ff. BGB), die Informationspflichten bei Fernabsatzverträgen (§§ 312b ff. BGB) sowie die Anbieterkennzeichnungspflichten nach § 6 Teledienstegesetz (TDG) beachten.

a) Die Verbrauchsgüterkaufvorschriften

Der gewerbliche Verkäufer kann die gesetzlichen Gewährleistungsvorschriften nicht durch Allgemeine Geschäftsbedingungen ausschließen oder einschränken.

Der Gewerbetreibende muss auf Neuwaren mindestens eine Gewährleistungsfrist von zwei Jahren und auf Gebrauchtwaren eine solche von einem Jahr geben.

b) Die Fernabsatzvertragsbestimmungen

Der gewerbliche Verkäufer muss seine Kunden insbesondere aufklären über
• anfallende Liefer-, Versandkosten und den Endpreis. Der Gesamtpreis muss so mit erkennbar sein;
• das Bestehen eines Widerrufs- oder Rückgaberechts;
• wesentliche Merkmale der Ware oder Dienstleistung nebst Artikelbeschreibung, einschließlich vorhandener Mängel;
• die Identität des Unternehmens. Hierbei müssen offen gelegt werden die vertretungsberechtigte natürliche Person bzw. der Inhaber der Firma und die Postanschrift.

Spätestens bis zur Übersendung der Ware müssen dem Verbraucher in Textform übermittelt werden:
• die Belehrung über Bedingungen, Einzelheiten der Ausübung und Rechtsfolgen des Widerrufs- oder Rückgaberechts sowie gegebenenfalls über den Ausschluss des Widerrufsrechts;

- die Anschrift des Verkäufers, bei welcher der Kunde reklamieren kann;
- gegebenenfalls Informationen über bestehende Gewährleistungs- und Garantiebedingungen.

c) Die Anbieterkennzeichnungspflichten

§ 6 TDG gibt auf, dass Teledienstanbieter eine Anbieterkennzeichnung leicht erkennbar, unmittelbar erreichbar und ständig verfügbar halten müssen. Im Einzelnen sind auszuweisen:

- Der Name und die Anschrift des Verkäufers, bei juristischen Personen zusätzlich auch der Vertretungsberechtigte. Lediglich die Postfachangabe bei der Anschrift reicht nicht aus.
- Angaben, die eine schnelle elektronische Kontaktaufnahme und unmittelbare Kommunikation ermöglichen, einschließlich der Adresse der elektronischen Post.
- Handelsregister, Vereinsregister, Partnerschaftsregister oder Genossenschaftsregister nebst entsprechenden Registernummern bei Firmen, Vereinen und Freiberuflern.
- Umsatzsteueridentifikationsnummer, falls vorhanden.

Folge der Nichtbeachtung der Anbieterkennzeichnungspflichten können unter anderem Abmahnungen von Abmahnvereinen oder Mitbewerbern sein.

8. Fallbeispiele

Frage: Über eBay habe ich einen Lungenautomaten erworben. Der Kaufpreis wurde von mir bezahlt. Den Atemregler schickt mir der Verkäufer aber nicht. Er stellt sich tot. Was kann ich machen?

Antwort: Es gibt eigentlich nur zwei Varianten:
1. Sie sind einem Betrüger aufgesessen. Dann hilft nur der schnelle Gang zur Polizei.
2. Der Verkäufer will oder kann nicht liefern und verweigert durch Aussitzen die Rückerstattung des Geldes. Dann sollten Sie ihn durch ein Einschreiben und Rückschein-Schreiben und unter Fristsetzung zur Warenlieferung oder Rückzahlung des Geldes auffordern. Reagiert er auch hierauf nicht, kann das gerichtliche Mahnverfahren eingeleitet werden. Hilfreich kann auch eine anwaltliche Beratung sein.

Frage: Ich habe bei eBay von »privat« einen Trocki ersteigert. Er wurde als volltauglich angepriesen mit Bild. Das Angebot war unter Ausschluss von Gewährleistungsansprüchen. Nach Erhalt der Lieferung stellte ich fest, dass am Reißverschluss drei Zähne fehlten, so dass er sich nicht schließen ließ. Ohne eine teure Reparatur ist er nicht zu gebrauchen. Habe ich wegen des Gewährleistungsausschlusses keine Rechte mehr?

Antwort: Doch! Eine Internetauktion ist rechtlich ein Kauf. Deshalb gelten die gesetzlichen Gewährleistungsbestimmungen. Die fehlenden drei Zähne am Reißverschluss des Trockis stellen einen Mangel dar, der z. B. zum Rücktritt vom Kaufvertrag berechtigen würde. Ein Ausschluss jeglicher Gewährleistung beim Privatverkauf ist nur wirksam, wenn der Verkäufer bei der Produktbeschreibung richtige Angaben gemacht hat. Wer beispielsweise einen Trocki als »voll tauglich« verkauft, muss dafür einstehen, dass man mit ihm auch Tauchen kann, ohne nass zu werden. Einen gleichzeitig erklärten Gewährleistungsausschluss kann der Verkäufer dem Käufer dann nicht mehr entgegenhalten.

Frage: Über eBay habe ich privat ein Jackett veräußert. Der Kaufpreis wurde bezahlt und ich verschickte die Weste mit der Post an den Käufer.Dort kam sie aber nie an. Der Erwerber fordert nun ein neues Jackett. Alternativ will er den Kaufpreis zurück. Hat er mit seinen Forderungen Recht?

Antwort: Gemäß § 447 BGB gilt bei Privatverkäufen, dass der Käufer in dem Augenblick, in dem der Verkäufer die Ware ordnungsgemäß verpackt bei der Post oder einem Spediteur aufgegeben hat, die Verantwortung für eine Beschädigung oder einen Verlust während des Transportes hat. Möchte man diese Risiken beim Kauf vom Verbraucher ausschließen, so empfiehlt sich die Versandform des versicherten Paketes zu wählen. Weil der Käufer somit das Transportrisiko trägt, sind seine Forderungen unberechtigt. Etwas anderes gilt, wenn ein Unternehmer etwas verkauft. Dann trägt dieser das Transportrisiko. Kommt die Ware nicht an, muss der Verkäufer für Ersatz sorgen.

Kauf von Tauchausrüstung

Frage: Meine Frau hat bei eBay von einem privaten Anbieter eine UW-Lampe erworben. Der Vertrag wurde abgewickelt. Acht Tage nach Lieferung der Lampe gefiel ihr diese plötzlich nicht mehr. Sie widerrief den Kaufvertrag. Der Verkäufer teilte lapidar mit, ein Rückgaberecht würde meiner Frau nicht zustehen. Ist das richtig?

Antwort: Entgegen einer – weit verbreiteten – Meinung, kann der Käufer (oder Verkäufer) grundsätzlich nicht einfach vom Kaufvertrag zurücktreten.
Hiervon gibt es aber Ausnahmen. Eine befindet sich im Fernabsatzgesetz. Danach steht dem privaten Käufer ein zweiwöchiges Widerrufsrecht zu, sofern der Verkäufer beim Verkauf als Unternehmer (§ 14 BGB) tätig geworden ist.

Frage: Ich möchte über eBay einen Tauchcomputer erwerben. Das halte ich für relativ problemlos, weil ich das Teil ja innerhalb von zwei Wochen zurückgeben kann, wenn es mir nicht gefällt. Nun hat mir aber ein Hobbyjurist gesagt, ein Widerrufsrecht würde mir nur bei einem Kauf von einem Unternehmer zustehen. Meine Frage ist nun, woran erkenne ich den Unternehmer im Internet bei eBay?

Antwort: Ob jemand als Unternehmer verkauft, ist in vielen Fällen nicht einfach festzustellen. Die Unternehmereigenschaft ist insbesondere dadurch zu erkennen, dass ein eigener Shop vorhanden ist oder als Powerseller aufgetreten wird.
Auch der einzelne Verbraucher kann schnell zum Unternehmer werden, wenn er gewerblich »nebenbei«-Verkäufe tätigt. Dies lässt sich relativ gut aus den einzelnen Bewertungen des einzelnen Verkäufers ablesen. Anhaltspunkte für eine Unternehmereigenschaft liegen immer dann vor, wenn in kurzer Zeit sehr viele, insbesondere gleichartige Verkäufe, vorgenommen werden. Da es für die Unternehmereigenschaft nicht auf den inneren Willen des Verkäufers ankommt, sondern auf das objektive Auftreten nach außen, kann auch der vermeintlich »privat« Verkaufende im Einzelfall als Unternehmer eingestuft werden.

Geschenkgutscheine

Geschenkgutscheine

I. Einleitung

Unser Tauchpartner hat Geburtstag. Was sollen wir ihm schenken? Keiner hat eine vernünftige Idee.

Deshalb kommen wir zu dem Ergebnis, dass er sich selbst etwas kaufen soll. Ihm Geld zu übergeben, finden wir nicht gut. Wir gehen daher in unser Tauchsportgeschäft. Dort wird uns empfohlen, einen Geschenkgutschein zu wählen. Unser Tauchpartner könne den Gutschein innerhalb einer Frist von sechs Monaten einlösen und sich dann das aussuchen, was ihm gefallen würde, sagt man uns.

So könnte ein Geschenkgutschein in den Rechtsverkehr kommen.

So kann ein Geschenkgutschein aussehen...

Was geschieht mit ihm, wenn unser Tauchfreund ihn erst nach Ablauf der sechs Monate einlösen will? Was stellt ein solcher Geschenkgutschein rechtlich überhaupt dar?

Mit diesen und anderen Fragen wollen wir uns in diesem Kapitel beschäftigen.

II. Die juristische Qualifikation eines Geschenkgutscheins

Rechtlich ist ein Geschenkgutschein ein sog. Inhaberpapier, §§ 793, 807 BGB.

Wer einen derartigen Gutschein in Besitz hat, kann vom Aussteller die Einlösung verlangen. Er kann sich also eine bestimmte Ware aussuchen oder eine Dienstleistung in Anspruch nehmen, und zwar in Höhe des Geldwertes, der im Gutschein ausgewiesen ist.

Auch wenn auf dem Gutschein als Beschenkter keine bestimmte Person eingetragen ist, ändert dies im Regelfall nichts daran, dass der jeweilige Inhaber des Gutscheins zur Einlösung legitimiert ist.

Geschenkgutscheine sind somit grundsätzlich übertragbar (Amtsgericht Nordheim, Urteil vom 26.8.1988 - 3 C 460/88). Dem Aussteller des Gutscheins wird nämlich in der Regel die Person des Einlösenden gleichgültig sein. Der Schenker will dem Gutschein durch die namentliche Benennung des Beschenkten lediglich eine persönliche Note verleihen.

III. Einlösefristen

In der Praxis sind die meisten Geschenkgutscheine befristet. Auf der Rückseite oder im Kleingedruckten heißt es daher häufig: »Einzulösen bis ...« oder »Gültig sechs Monate ab Ausstellungsdatum«.

Juristisch betrachtet handelt es sich bei derartigen Formulierungen im Regelfall um »Allgemeine Geschäftsbedingungen«. Daher sind auch die entsprechenden Bestimmungen zum Schutz von Verbrauchern vor unangemessenen Benachteiligungen anwendbar, insbesondere § 307 BGB.

Die Rechtsprechung geht davon aus, dass Einlösefristen auf Geschenkgutscheinen grundsätzlich zulässig sind.

Sie dürfen nach den veröffentlichten Urteilen aber nicht zu knapp bemessen sein.

So hat z. B. das Landgericht München entschieden, dass eine Einlösungsfrist von nur zehn Monaten den Kunden unangemessen benachteiligen würde und damit unwirksam sei (LG München l, Urteil vom 26.10.1995 - 7 O 2109/95). Aus diesem Urteil folgerte die Praxis, dass Geschenkgutscheine mindestens eine Gültigkeitsdauer von zwölf Monaten haben müssten.

In einer weiteren Entscheidung aus dem Jahre 2000 hat dann das Oberlandesgericht Hamburg entschieden, dass Geschenkgutscheine für einen Kinobesuch mindestens eine Gültigkeitsdauer von zwei Jahren haben müssten (OLG Hamburg, Urteil 10 U 11/00).

Diese vorgenannten Mindestfristen gelten aber nur dann, wenn es sich bei der Befristung um Allgemeine Geschäftsbedingungen handelt.

Hat der Verkäufer des Gutscheins mit dem Erwerber eine Gültigkeitsdauer vertraglich vereinbart, dann ist diese Frist maßgeblich. Es handelt sich dann um eine Individualvereinbarung.

Ein Anzeichen für eine individuelle Vereinbarung kann z. B. sein, wenn die Befristung handschriftlich auf dem Gutschein vermerkt ist und nicht wie bei Allgemeinen Geschäftsbedingungen üblich durch einen entsprechenden Aufdruck auf der Urkunde.

Reicht der Wert des Geschenkgutscheins für diese Lampe?

Wer vorgefertigte Vertragsmuster verwendet, trägt nach der Rechtsprechung die Beweislast dafür, dass der Vertrag dennoch individuell ausgehandelt wurde.

Am 1. Januar 2002 ist das sog. »Gesetz zur Harmonisierung des Schuldrechts« (BGBl 2001 1 S. 3138) in Kraft getreten. Hierdurch sind auch die bisher geltenden Verjährungsfristen grundlegend geändert worden.

Insbesondere wurde die frühere Regelverjährungsfrist von dreißig Jahren auf nur noch drei Jahre verkürzt (§ 195 BGB).

Diese Änderung müsste eigentlich auch Auswirkungen auf die Zulässigkeit und die Dauer von Befristungen für Geschenkgutscheine haben. Die Befürworter von Einlösungsfristen haben nämlich in der Vergangenheit im Wesentlichen damit argumentiert, eine Gültigkeitsdauer von dreißig Jahren sei den Ausstellern von Gutscheinen nicht zumutbar.

Durch die jetzt nur noch dreijährige allgemeine Verjährungsfrist ist diesem Argument der Boden entzogen. Es besteht damit kein Anlass mehr, die Geltungsdauer von Geschenkgutscheinen abweichend von der gesetzlichen Verjährungsfrist zusätzlich zu befristen.

Die aktuelle Verjährungsfrist von drei Jahren – die mit dem Ende des Jahres, in dem der Gutschein ausgestellt wurde, beginnt – dürfte als angemessener Interessenausgleich erscheinen.

Eine kürzere Einlösefrist verstößt daher nach meiner Meinung gegen das Benachteiligungsverbot des § 307 BGB.

Eine aktuelle Rechtsprechung hierzu gibt es – soweit ersichtlich – aber noch nicht.

IV. Fallbeispiel

Frage: Zum Geburtstag habe ich zwei Geschenkgutscheine bekommen, einen Warengutschein in Höhe von 150,00 € und einen Gutschein über einen Tauchkurs.
Laut Aufdruck waren beide Gutscheine für ein Jahr gültig. Weil ich beruflich stark eingebunden war, hatte ich leider erst 15 Monate nach meinem Geburtstag Gelegenheit, die Gutscheine dem betreffenden Tauchshop vorzulegen. Der Inhaber verweigerte die Annahme mit der Begründung, er sei nach Ablauf der Jahresfrist nicht mehr zur Einlösung verpflichtet. Muss ich jetzt auf meine Geburtstagsgeschenke verzichten?

Antwort: Ja und Nein.
Geschenkgutscheine gibt es nämlich in Form von Wert- und Leistungsgutscheinen.
Der Warengutschein über 150,00 € stellt einen Wertgutschein dar und derjenige über den Tauchkurs einen Leistungsgutschein. Weil das den Wertgutschein ausstellende Tauchsportgeschäft hier kein wirtschaftliches Risiko eingegangen ist und eine Vorleistung in Form von 150,00 € erhalten hat, ist eine Befristung unzulässig. Diese würde nämlich gemäß § 307 BGB eine unzulässige Benach-

teilung darstellen und im Übrigen auch nicht mehr in Einklang stehen mit der seit der Einführung des Gesetzes zur Harmonisierung des Schuldrechts (ab 01.01.2002) geltenden Verkürzung der allgemeinen Verjährungsfrist auf drei Jahre (davor 30 Jahre). Der Inhaber des Tauchshops muss daher den Warengutschein noch einlösen. Weigert er sich, besteht ein einklagbarer Anspruch Ihrerseits.

Gleiches gilt für den Tauchkurs-Gutschein, wenn der Shop diesen Kurs noch anbietet. Sollte das nicht mehr der Fall sein, könnte sich der Inhaber des Geschäfts auf seine Leistungsfreiheit berufen. Denn es steht in seinem Ermessen, sein Leistungsprogramm zu ändern und die versprochene Leistung, nämlich die Durchführung des Tauchkurses, nicht mehr anzubieten. Dann wäre er aber verpflichtet, Ihnen den Geldwert des Tauchkurses zu erstatten, wobei er Sie unter Umständen aber mit seinem entgangenen Gewinn belasten kann.

Manchmal muss man »Zähne zeigen«, so wie diese Muräne auf Gran Canaria.

Reparatur von
Tauchausrüstung

Reparatur von Tauchausrüstung

I. Einleitung

Wenn Ihre Tauchausrüstungsgegenstände Beschädigungen erleiden oder gewartet werden müssen, bringen Sie diese in der Regel in das Ihnen bekannte Tauchsportfachgeschäft. Dort erteilen Sie dann einen Reparatur- bzw. Wartungsauftrag.

Solche Verträge sind im Gesetz nicht ausdrücklich geregelt. Ein Auftrag zu einer Reparatur bzw. zu einer Wartung wird von der Rechtsprechung und von der Rechtswissenschaft auch nicht als eigenständiger Vertrag angesehen, sondern als Werkvertrag.

Das Werkvertragsrecht ist gesetzlich geregelt in den §§ 631 ff. BGB.

Der Werkvertrag ist ein gegenseitiger Vertrag, bei dem der Unternehmer zur Herstellung eines Werkes und der Besteller zur Entrichtung der Vergütung verpflichtet ist.

Das Problem des Reparaturgewerbes liegt darin, dass das Produkt, das instand gesetzt werden soll, bereits Verschleißerscheinungen aufweist und dass während der Werkleistung (Reparaturleistung) die Beschaffenheit des Reparaturobjektes erforscht und der Reparaturbedarf und sein Umfang ermittelt werden muss.

An einem Trockentauchanzug müssen die Boots ausgetauscht werden.

Ähnliches gilt bei der Wartung von z. B. Atemreglern.

Ist der Reparatur- bzw. Wartungserfolg nicht gegeben, stehen dem Besteller auch hier die gesetzlichen Gewährleistungsansprüche zu.

Hiermit beschäftigen wir uns im nächsten Abschnitt.

II. Die Gewährleistungsrechte im Werkvertragsrecht

Bei der Mangelhaftigkeit eines Werkes wird zwischen Rechts- und Sachmängeln unterschieden, wobei der Mangelbegriff an den des Kaufrechts angeglichen ist.

Ein Sachmangel liegt somit vor, wenn das Werk nicht die vereinbarte Beschaffenheit hat oder es sich nicht für die nach dem Vertrag vorausgesetzte oder die gewöhnliche Verwendung eignet.

Ein Rechtsmangel ist gegeben, wenn Dritte auf das Werk Rechte geltend machen können oder Dritte mehr als die im Vertrag übernommenen Rechte gegen den Besteller geltend machen können.

Wegen der näheren Einzelheiten kann im Prinzip auf die Ausführungen zum Thema »Der Kauf im Allgemeinen« verwiesen werden.

Die Ansprüche und Rechte des Bestellers sind weitgehend parallel zu den Käuferrechten ausgestaltet.

Der Besteller kann Nacherfüllung (gleich Beseitigung des Mangels oder Neuerstellung des Werkes) verlangen.

Allerdings kann der Unternehmer, anders als im Kaufrecht, selbst wählen, ob er den Mangel beseitigt oder ob er das Werk neu herstellt.

Der Besteller kann den Mangel grundsätzlich auch selbst beseitigen und seine Aufwendungen von der Reparaturfirma ersetzt verlangen. Voraussetzung ist nur, dass er dem Tauchfachgeschäft eine Frist zur Nacherfüllung gesetzt hat.

Beseitigt der Kunde den Mangel selbst, kann er vom Unternehmer einen Vorschuss auf seine Aufwendungen verlangen.

Der Kunde kann den Mangel dann aber nicht selbst beseitigen, wenn die Reparaturfirma die Nacherfüllung verweigert hat, weil sie mit unverhältnismäßigen Kosten verbunden ist.

Der Besteller kann statt der Geltendmachung des Nacherfüllungsanspruchs auch vom Vertrag zurücktreten oder den vereinbarten Preis mindern. Das gilt aber auch nur dann, wenn er dem Reparaturverpflichteten vorher eine angemessene Frist zur Nacherfüllung gesetzt hat, die fruchtlos verstrichen ist.

Daneben kann der Besteller einen Schadensersatzanspruch gegen den Unternehmer haben.

Voraussetzung ist, dass der Reparaturfirma wieder eine angemessene Frist zur

Leistung bzw. Nacherfüllung gesetzt wurde und diese erfolglos ablief. Weitere Voraussetzung ist, dass den Reparateur ein Verschulden trifft, wobei auch einfache Fahrlässigkeit ausreicht. Der Schadensersatzanspruch kann theoretisch höher sein als die Reparaturkosten.

Die Gewährleistungsfrist beträgt wie beim Kaufrecht zwei Jahre ab Abnahme des Werkes. Der Vollständigkeit halber sei darauf hingewiesen, dass für Arbeiten an Bauwerken eine Gewährleistungsfrist von gewöhnlich fünf Jahren gilt.

Die regelmäßige Verjährungsfrist von drei Jahren greift dann ein, wenn der Unternehmer den Mangel arglistig verschwiegen hat.

Sie beginnt mit dem Ende des Jahres zu laufen, in dem der Gewährleistungsanspruch entstanden ist und der Gläubiger von den den Gewährleistungsanspruch begründenden Umständen und der Person des Schuldners Kenntnis erlangt hat oder ohne grobe Fahrlässigkeit hätte erlangen müssen.

III. Der Kostenvoranschlag

Die am häufigsten gestellte Frage vor Erteilung eines Reparaturauftrages ist diejenige nach den Kosten.

Nicht selten erklärt sich die Reparaturfirma bereit, einen Kostenvoranschlag zu

Ein Kostenvoranschlag ist in Bearbeitung.

erstellen. Wird dieser dann vorgelegt, ist der Kunde oft erschlagen von den Kosten und nimmt von der Reparatur Abstand. Plötzlich erhält er eine Rechnung für die Erstellung des Kostenvoranschlages. Muss er diese bezahlen?

Näheres ist geregelt in § 632 BGB. Dort ist klargestellt, dass ein Kostenvoranschlag im Zweifel nicht zu vergüten ist. Dies wird oft übersehen.

Für die Entgeltlichkeit eines Kostenvoranschlages ist übrigens der Unternehmer beweispflichtig.

Manchmal führt die Vergabe von Reparaturaufträgen zu „bissigen" Auseinanderstzungen zwischen Kunde und Firma.

Die Tauchreise

I. Allgemeine Hinweise

Wenn einer eine Reise tut, dann kann er was erzählen. Dies hat schon Matthias Claudius, der in der Zeit vom 1740 bis 1815 lebte, in »Urian's Reise um die Welt« festgestellt.

Ich hoffe, dass Ihnen Ihre Reisen bisher nur Freude bereitet haben.

Oftmals muss sich der Reisende aber auch ärgern.

Sind Sie auch schon einmal verspätet abgeflogen?

Gingen beim Transport Gepäckstücke verloren?

Kamen Ihre Koffer erst verspätet am Urlaubsort an?

Entsprach das gebuchte Hotel nicht den Vorgaben im Reisekatalog?

Dieses Kapitel soll Sie sensibilisieren für Reisemängel, die Sie nicht hinnehmen müssen. Ferner wird aufgezeigt, wie Sie bei Mängeln Beweise sichern, um die Voraussetzungen dafür zu schaffen, dass Sie Ihre Ansprüche am Urlaubsort und von zu Hause aus auch realisieren können.

Anspruchsgrundlagen sind die gesetzlichen Regelungen in den §§ 651a ff. BGB. Diese Bestimmungen geben vielfach aber nur die grobe Marschrichtung vor. Einzelheiten sind ausgefüllt worden durch gerichtliche Entscheidungen. Daraus haben sich auch die Reisepreisminderungstabellen, wie z. B. die Frankfurter Tabelle, mit der wir uns noch beschäftigen werden, entwickelt.

Die §§ 651a ff. BGB gelten für die sog. Pauschalreise.

Hier wird gerade eine Pauschalreise gebucht.

Ein wesentliches Merkmal für ein pauschales Reiseangebot ist, dass eine Gesamtheit von Reiseleistungen erbracht wird.

Der Reiseveranstalter wählt eine Anzahl von Einzelleistungen (z. B. Flug-, Schiffs-, Bahnreise, Hoteltransfer, Unterkunft, Verpflegung, Reiseleitung, etc.) für einen bestimmen Zeitraum aus, stimmt diese Leistungen aufeinander ab und bietet sie insgesamt zu einem einheitlichen Preis an.

Es genügen dafür zwei wesentliche Leistungen, wie z. B. »die Beförderung und die Unterkunft« oder »die Unterkunft und die Verpflegung«. Die Dauer der Reise ist unerheblich.

Von einer Individualreise spricht man, wenn der Reisende viele einzelne Leistungen bei unterschiedlichen Anbietern bucht, wie z. B. Beförderungs- und Beherbergungsverträge abschließt.

Der Reisende hat dann immer unterschiedliche Vertragspartner, bei denen er getrennt seine Ansprüche anmelden muss.

II. Die Buchung der Reise

Wenn Sie für die Planung Ihrer Urlaubsreise einen Reisekatalog ausgewählt haben, dann müssen Sie wissen, dass die Angaben dort deutlich lesbar, richtig, klar und vollständig sein müssen.

Insbesondere muss der Katalog enthalten: Angaben über den Reisepreis, die Höhe einer zu leistenden Anzahlung und die Fälligkeit des restlichen Reisepreises.

Weitere Angaben sind unentbehrlich, wenn sie für die Reise von Bedeutung sind.

Hierzu können zählen: das Transportmittel, die zu verabreichenden Mahlzeiten, der Reiseverlauf, die Pass- und Visumerfordernisse sowie eine mögliche erforderliche Mindestteilnehmerzahl der Reisenden.

Letztendlich sollten Sie sich in Ihrem eigenen Interesse auch über die Allgemeinen Reisebedingungen informieren, die Gegenstand des Vertrages werden.

Lenken Sie Ihr Auge auch auf die Beschreibungen im Reisekatalog. Diese werden nicht selten positiv umschrieben dargestellt. Zentrale Lage des Hotels bedeutet in der Regel, dass in der Umgebung mit starkem Verkehrslärm zu rechnen ist. Unter der Formulierung »direkt am Meer« versteckt sich oft der Umstand, dass kein Badestrand vorhanden ist.

Wenn die Rede ist von »Zimmern zur Meerseite« müssen Sie damit rechnen, dass die Räumlichkeiten gar keinen Meeresblick haben. Entweder verhindern andere Hotels oder andere Dinge den direkten Blick auf das Wasser.

III. Der Reisevertrag

Auch hier gilt, dass der Reisevertrag durch Angebot und Annahme zustande kommt.

Wurden Ihnen im Hinblick auf Ihre Reise Zusagen gemacht, die sich nicht aus dem Reisekatalog ergeben, dann sollten Sie sich diese bei Abschluss des Vertrags zusätzlich schriftlich bestätigen lassen.

Sobald Sie den Reisevertrag unterschrieben haben, muss Ihnen der Reiseveranstalter eine Reisebestätigung, das heißt eine Urkunde über den Vertragsabschluss, aushändigen.

Dort müssen Sie Informationen finden über den Reisepreis, die Höhe einer zu leistenden Anzahlung, die Fälligkeit des Restbetrages, das Transportmittel, die Unterbringung, die Mahlzeiten, die Reiseroute, gegebenenfalls eine für die Durchführung der Reise erforderliche Mindestteilnehmerzahl, den endgültigen Bestimmungsort, die voraussichtliche Zeit der Abreise und der Rückkehr, die Ausflugsmöglichkeiten, etwa vorbehaltene Preisänderung, Name und Anschrift des Reiseveranstalters und die Möglichkeit des Abschlusses einer Reiserücktrittskosten-Versicherung oder einer Versicherung zur Deckung der

Rückführungskosten bei Unfall oder Krankheit.

Sind diese Angaben bereits in einem Prospekt des Reiseveranstalters genannt, müssen in der Reisebestätigung nur noch der Reisepreis und die Zahlungsmodalitäten erwähnt werden.

Bucht der Reisende weniger als sieben Tage vor Reisebeginn, muss der Reiseveranstalter die Reisebestätigung nicht mehr aushändigen.

Achten Sie bitte darauf, den Reisepreis oder eine Anzahlung erst dann zu entrichten, wenn Ihnen der sog. Sicherungsschein ausgehändigt worden ist. Darüber, was dieser Sicherungsschein darstellt, unterhalten wir uns im nächsten Kapitel.

IV. Der Sicherungsschein

Seit 1994 sind Reiseveranstalter gesetzlich verpflichtet, Sicherungsscheine auszuhändigen.

Gerät der Reiseveranstalter in Insolvenz, muss er den Urlaubern den bereits gezahlten Preis für die ausfallenden Leistungen und die notwendigen Aufwendungen für die Rückreise erstatten.

Als Nachweis, dass der Veranstalter sich für den Fall der Insolvenz abgesichert hat, erhalten Reisende vor Urlaubsbeginn den Sicherungsschein.

Wir haben bereits gehört, dass keine Anzahlung zu leisten ist, wenn Sie noch keinen Sicherungsschein besitzen.

Auch bei kurzfristigen Buchungen, bei denen erst am Flughafen die Reiseunterlagen hinterlegt werden, muss ein Sicherungsschein ausgehändigt werden.

Achten Sie darauf, dass Sie einen Originalschein bekommen. Akzeptieren Sie keine Kopie. Ansonsten können Sie im Notfall keine Ansprüche geltend machen.

Sicherungsscheine können Ihnen in unterschiedlichen Formen ausgehändigt werden.

Zum Beispiel als gesondertes Druckstück zur Aushändigung mit der Reisebestätigung vor Reiseantritt, als Abdruck auf der Rückseite der Reisebestätigung oder als Ausdruck über ein EDV-Reservierungssystem.

Prüfen Sie auf dem Sicherungsschein das Gültigkeitsdatum. Dieses darf nicht überschritten werden.

Vergessen Sie nicht, den Schein auf Ihre Reise mitzunehmen. Wenn es zu einem Insolvenzfall kommt, müssen Sie ihn vorlegen. Können Sie dies dann nicht, müssen Sie die Kosten für die Rückreise selber tragen.

Geben Sie den Sicherungsschein nach Abschluss der Reise nicht an das Reisebüro oder den Reiseveranstalter zurück.

Ausgenommen von der Absicherungspflicht sind lediglich Veranstalter, die nur gelegentlich und außerhalb ihrer gewerblichen Tätigkeit Reisen anbieten, wie z. B. Anbieter von Tagesfahrten.

Tritt der Insolvenzfall des Reiseveranstalters ein, müssen Sie dem Versicherer nicht nur den Sicherungsschein im Original vorlegen, sondern auch die Buchungsbestätigung, den Nachweis über geleistete Reisepreiszahlungen sowie Quittung über eigene Auslagen.

Gibt der Reiseveranstalter einen Sicherungsschein nicht heraus, sollten Sie ihn unter Fristsetzung (nachweisbar) hierzu auffordern. Reagiert er nicht, können Sie vom Vertrag zurücktreten, ohne Schadensersatz zahlen zu müssen.

Sicherungsschein für Pauschalreisen
gemäß § 651 k des Bürgerlichen Gesetzbuches
Nr. 704.000.294.664
Hiermit stellt die XY Versicherung AG -Kautionsversicherung-, Musterstraße 11, 12345 Musterstadt für die
Tauchreisen GmbH, Musterstraße 12, 12345 Musterstadt
gegenüber dem Reisenden sicher, dass von ihr erstattet werden:
1. der gezahlte Reisepreis, soweit Reiseleistungen infolge Zahlungsunfähigkeit oder Eröffnung des Insolvenzverfahrens über das Vermögen des Reiseveranstalters ausfallen, und
2. notwendige Aufwendungen, die dem Reisenden infolge Zahlungsunfähigkeit oder Eröffnung des Insolvenzverfahrens über das Vermögen des Reiseveranstalters für die Rückreise entstehen.
Die Bürgschaft gilt für sämtliche Reiseleistungen des o.g. Unternehmens mit
Reiseantritt zwischen dem 01.11.2003 und dem 31.05.2006. Maßgeblich ist der auf der Reisebestätigung ausgewiesene Beginn der ersten Reiseleistung für die vom jeweiligen Kunden gebuchte Reise.
Die vorstehende Haftung des Kundengeldabsicherers ist begrenzt. Er haftet für alle durch ihn in einem Jahr insgesamt zu erstattenden Beträge nur bis zu einem Betrag von 110 Mio. Euro. Sollte diese Summe nicht für alle Reisenden ausreichen, so verringert sich der Erstattungsbetrag in dem Verhältnis, in dem ihr Gesamtbetrag zu dem Höchstbetrag steht.
Die Erstattung fälliger Beträge erfolgt erst nach Ablauf des Jahres (01.11. – 31.10.), in dem der Versicherungsfall eingetreten ist.

So könnte ein Sicherungsschein inhaltlich aussehen.

V. Kann vor Antritt der Reise vom Reisevertrag zurückgetreten werden?

Sie haben einen wirksamen Reisevertrag geschlossen, sind im Besitz der Reiseunterlagen und des Sicherungsscheins. Dann werden Sie z. B. unerwartet und längerfristig krank, so dass Sie die gebuchte Reise nicht antreten können. Bis zum Reisebeginn können Sie vom Vertrag zurücktreten. Für diesen Fall ist der Reiseveranstalter berechtigt, eine Entschädigung zu verlangen. Diese kann im Einzelfall durchaus die Höhe des Reisepreises selbst erreichen.

Wird eine Reise aufgrund höherer Gewalt (Bürgerkrieg, Naturkatastrophen etc.) unmöglich und war dies bei der Reisebuchung nicht vorhersehbar, können sowohl der Reisende als auch der Reiseveranstalter vom Vertrag zurücktreten. Eine Entschädigungsverpflichtung besteht in der Regel dann nicht.

Ein Rücktrittsrecht steht Ihnen auch zu, wenn sich der Reisepreis nach Zustandekommen des Reisevertrags um mehr als fünf Prozent erhöht hat. Dann müssen Sie auch keine Entschädigungsleistung an den Reiseveranstalter erbringen und können bereits geleistete Anzahlungen in voller Höhe zurückverlangen.

Um finanzielle Risiken auszuschließen, die sich aus einem Rücktritt vom Vertrag vor Beginn der Reise ergeben können, besteht die Möglichkeit, eine Reiserücktrittkosten-Versicherung abzuschließen. Im Hinblick hierauf verweise ich auf den entsprechenden Abschnitt im Kapitel »Versicherungsrechtliche Fragen rund um den Tauchsport«.

VI. Wo können Reisemängel auftreten?

Wir haben unsere Reise gebucht und befinden uns nun z. B. am Flughafen. Dies ist der erste Schritt, bei dem wir über Reisemängel stolpern können.

Ihr Gepäck wird nicht transportiert. Das Flugzeug fliegt mit einer Verspätung von vier Stunden ab. Ihr Abflugtermin wird kurzfristig verschoben und es gehen Ihnen mehr als zwei Urlaubstage verloren.

All dies sind Beispiele typischer Reisemängel, die auf der Hin- und Rückreise auftreten können.

Sie sind nun an Ihrem Reiseziel angekommen. Nicht das gebuchte Hotel wird Ihnen zugewiesen, sondern eine Ersatzunterkunft. Das Hotel bietet eine permanente Lärmkulisse. Zusätzlich werden Sie durch Baulärm gestört. Die zugesagte Kinderbetreuung ist nicht vorhanden. Sport- und Freizeiteinrichtungen fehlen, insbesondere die im Reisekatalog beschriebene Tauchbasis.

Bei diesen Beanstandungen spricht man von typischen Reisemängeln am Urlaubsort selbst.

Hoffentlich fliegt auch unser Reisegepäck mit!

VII. Wie kann Reisemängeln abgeholfen werden?

Stellen Sie nach Antritt der Reise fest, dass die Leistungen des Reiseveranstalters nicht den gebuchten und im Reisevertrag zugesicherten Vertragsbestandteilen entsprechen, können Sie vom Reiseveranstalter oder seinem Ansprechpartner vor Ort Abhilfe verlangen.

Dann hat der Reiseveranstalter dafür zu sorgen, dass seine Leistungen ordnungsgemäß (vertragsgerecht) erbracht werden.

Erfolgt keine Abhilfe innerhalb einer von Ihnen gesetzten Frist, verweigert der Reiseveranstalter, berechtigte Mängel abzustellen oder besteht ein besonderes Interesse des Reisenden an sofortiger Abhilfe, kann dieser auf Kosten des Veranstalters auch selbst Abhilfe schaffen, § 651c Abs. 3 BGB.

Der klassische Fall des Rechtes zur Selbstabhilfe dürfte derjenige sein, dass Sie in ein anderes Hotel umziehen, weil das gebuchte eklatant von der vertraglich vereinbarten Ausstattung abweicht.

Bei der Selbstabhilfe ist allerdings Vorsicht geboten, weil Sie für die entstehenden Mehrkosten zunächst unmittelbar aufkommen und diese dann später gegenüber dem Reiseveranstalter einklagen müssen.

VIII. Wie beanstande ich Reisemängel am Urlaubsort?

Sie sollten umgehend alle Beanstandungen bei der örtlichen Reiseleitung reklamieren, also nicht unbedingt nur bei der Geschäftsleitung des gebuchten Hotels.

Ebenfalls müssen Sie die Mängel genau beschreiben und unter Fristsetzung Abhilfe verlangen.

Den Inhalt des Reklamationsgesprächs müssen Sie im Streitfall aber auch beweisen können. Deshalb sollten Sie Zeugen hinzuziehen.

Reiseveranstalter sind aber oft auch bereit, ein schriftliches Protokoll über das Beschwerdegespräch auszuhändigen.

Achten Sie in jedem Fall darauf, dass Sie von der örtlichen Reiseleitung eine schriftliche Bestätigung erhalten, dass diese von den Beanstandungen Kenntnis genommen hat.

Vermerken Sie Abhilfeangebote im Beschwerdeprotokoll.

Ob hier Reisemängel aufgenommen werden?

Liegen ganz erhebliche Mängel vor und besteht nicht die Möglichkeit der Abhilfe, können Sie den Reisevertrag auch kündigen und die Organisation der Rückreise verlangen bzw. »auf eigene Faust« nach Hause fahren, § 651e BGB.

Dieser Schritt sollte allerdings die letzte mögliche Maßnahme sein, weil Sie dem Risiko ausgesetzt sind, dass ein Gericht Ihre Entscheidung nicht als wirksam anerkennen könnte und Sie dann auf den Kosten sitzen bleiben würden.

IX. Wie werden Ansprüche von zu Hause aus gegen den Reiseveranstalter geltend gemacht und was muss hierbei beachtet werden?

Ansprüche gegen den Reiseveranstalter müssen innerhalb einer Ausschlussfrist von einem Monat nach Reiserückkehr angemeldet werden.

Es ist zu empfehlen, dass das Reklamationsschreiben per Einschreiben + Rückschein bzw. Einschreiben-Einwurf-Schreiben versendet wird, um beweisen zu können, dass der Reiseveranstalter Ihren Brief auch tatsächlich erhalten hat.

Im Reklamationsschreiben müssen alle Mängel vollständig und ausführlich beschrieben werden. Mängel, die Sie erst nach Ablauf der Ausschlussfrist geltend machen, bleiben unberücksichtigt.

Wenn möglich, sollte der Beschwerdebrief von allen Reiseteilnehmern unterzeichnet werden.

Macht jemand für eine Reisegruppe Ansprüche geltend, sollten schriftliche Vollmachten aller Reiseteilnehmer vorliegen.

Aus taktischen Gründen kann es sinnvoll sein, Ihren Anspruch erst dann zu beziffern, wenn der Reiseveranstalter selbst einen Erstattungsvorschlag gemacht hat. Aus Ihrem Reklamationsschreiben muss sich eindeutig ergeben, dass Sie aufgrund der Mängel eine Rückerstattung des Reisepreises verlangen. Nur dann ist die Ausschlussfrist gewahrt.

Gegebenenfalls sollten Sie fachkundigen Rechtsrat einholen oder, besser noch, einen Rechtsanwalt beauftragen. Solange der Reiseveranstalter sich mit Ihrer Reklamation beschäftigt, wird die gesetzliche Verjährungsfrist von nur zwei Jahren ab Reiseende unterbrochen. Sie beginnt erst dann wieder zu laufen, wenn der Reiseveranstalter Ihre Ansprüche oder einen Teil davon zurückweist.

Wenn danach mit dem Reiseveranstalter noch weitere umfangreiche Korrespondenz geführt wird, läuft die Verjährungsfrist trotzdem weiter. Um keine Risiken einzugehen, sollte spätestens nach Ablehnung der Mängel durch den Reiseveranstalter eine Klage bei Gericht eingereicht werden.

X. Rechtsfolgen beim Reisemangel

Ähnlich wie im Kaufrecht, sind die Rechtsfolgen des Reisemangels Minderung und Schadensersatz.

1. Minderung

Minderung ist, wie wir bereits gehört haben, eine teilweise Rückerstattung des Reisepreises. Näheres ist geregelt in § 651d BGB. Minderungsquoten sind unter anderem festgelegt in der sog. »Frankfurter Tabelle zur Reisepreisminderung«, die am Ende des Kapitels abgedruckt ist.

2. Schadensersatz

Daneben kann der Reisende auch Schadensersatz und Schmerzensgeld wegen »entgangener Urlaubsfreude« verlangen, § 651f BGB. Dies ist unter folgenden Voraussetzungen möglich:

- Es muss ein erheblicher Reisemangel vorliegen, z. B. wenn Sie am Urlaubsort nicht das vorgefunden haben, was Sie aufgrund der Angaben im Reisekatalog erwarten konnten.
- Die Haftung des Reiseveranstalters tritt nur dann ein, wenn er den Mangel zu vertreten hat.
- Insbesondere hat er nicht nur für eigenes Verschulden einzustehen, sondern auch für das derjenigen, derer er sich zur Erfüllung seiner im Reisevertrag vereinbarten Pflichten bedient. Dies kann z. B. die Fluggesellschaft sein oder das Personal des gebuchten Hotels.
- Eine Haftung besteht allerdings nicht für Unfälle, die sich im Rahmen des normalen Lebensrisikos ereignen könnten.
- Dann muss die mangelnde Erbringung der Reiseleistung beim Reisenden auch noch einen Schaden verursacht haben.
- Bitte denken Sie daran, dass ein Anspruch auf Schadensersatz dann nicht besteht, wenn Sie es schuldhaft unterlassen haben, den Mangel unverzüglich gegenüber dem Reiseveranstalter bzw. seinem örtlichen Vertreter anzuzeigen.

Der Reiseveranstalter muss alle Schäden ersetzen, die dem Reisenden durch die nicht ordnungsgemäße Erfüllung des Reisevertrages entstanden sind.
Hierzu gehören die Mehrkosten einer außerplanmäßigen Rückreise bei berechtigter Kündigung des Reisevertrages nach Reiseantritt und auch der sog. Mangelfolgeschaden.

Damit sind weitergehende Schäden gemeint. Aufgrund verdorbener Hotelverpflegung erleiden Sie eine schwere Lebensmittelvergiftung. Sie müssen einen Arzt konsultieren. Bei den Behandlungskosten würde man z. B. vom Mangelfolgeschaden sprechen.

Wenn die Reise aus Gründen, welche der Reiseveranstalter zu vertreten hat, vereitelt worden ist (konnte nicht angetreten werden) oder erheblich beeinträchtigt wurde (z. B. keine Abhilfe bei erheblichen Mängeln der Unterkunft), kann der Reisende auch eine Entschädigung wegen der nutzlos aufgewendeten Urlaubzeit verlangen.

XI. Verjährungsrechtliche Fragen

Hierzu wurde bereits im obigen Text ausgeführt.

Merken Sie sich bitte zwei Fristen:

Ansprüche aus dem Reisevertrag müssen gemäß § 651g Abs. 1 BGB vom Reisenden innerhalb eines Monats nach der vertraglich vorgesehenen Beendigung der Reise gegenüber dem Reiseveranstalter geltend gemacht werden.

Die Monatsfrist ist eine Ausschlussfrist. Verstreicht sie, kann der Reisende Ansprüche nur noch geltend machen, wenn er ohne Verschulden an der Einhaltung der Frist verhindert worden ist.

Nach § 651g Abs. 2 BGB verjähren Ansprüche aus dem Reisevertrag in zwei Jahren. Die Verjährung beginnt mit dem Tag, an dem die Reise nach dem Vertrag enden sollte.

XII. Fallbeispiele

Frage: Wir wollten auf den Malediven einen Tauchkurs belegen, was vom Reiseveranstalter prospektmäßig angeboten wurde. Leider konnte der Tauchkurs weder in deutscher noch in englischer Sprache durchgeführt werden. Es war lediglich ein italienisch sprechender Tauchlehrer vorhanden, so dass wir an dem Kurs nicht teilnehmen konnten

Können wir deshalb den Reisepreis mindern?

Antwort: Ja! Die prospektmäßig versprochene Möglichkeit der Belegung von Tauchkursen auf einer maledivischen Insel stellt einen wesentlichen Teil der Reiseleistung dar. Gerade die Malediven sind als Tauchparadies bekannt und der Reiseveranstalter hat die Reise wohl auch so dargestellt. Der buchende Reisegast darf sich daher darauf verlassen, dass er die uneingeschränkte Möglichkeit auf der von ihm gebuchten Insel vorfindet, einen Tauchkurs zu belegen, wobei er auch erwarten darf, dass, wenn auch nicht unbedingt in deutsch, doch wenigstens in englischer Sprache unterrichtet wird. Wenn dies nicht möglich ist, liegt ein Reisemangel vor, der zur Minderung des Reisepreises berechtigt.

Frage: Meine Frau und ich haben im Sommer des Jahres eine Tauchpauschalreise nach Spanien gemacht. Das Hotel war gut. Von der Leiter des hoteleigenen Badestegs konnten wir das Hausriff betauchen. Beim fünften Tauchgang stieg ich die Badeleiter herunter, um meine Flossen anzuziehen. Nachdem ich die zweite oder dritte unter Wasser gelegene Sprosse der Leiter betreten hatte, brach diese ab. Ich schlug mit dem Gesicht auf eine oberhalb gelegene Stufe auf, wodurch ich Verletzungen am Kopf und an den Zähnen erlitt. An Tauchen war für den Rest des Urlaubs nicht mehr zu denken. Meine Frage: Haftet der Reiseveranstalter wegen der Verletzung seiner Verkehrssicherungspflicht, weil er die Stufen der Badeleiter offensichtlich nicht kontrolliert hat?

Antwort: Ein Reiseveranstalter haftet wegen seiner Verkehrssicherungspflicht für Schäden, die durch sicherheitsrelevante Mängel verursacht werden, dann, wenn diese im Rahmen ihm zumutbarer Überprüfungen erkennbar waren.

Die einem Reiseveranstalter obliegende Überwachungspflicht erstreckt sich aber nicht auf die unter Wasser gelegenen Teile einer von einem hoteleigenen Badesteg ins Meer führenden Einstiegsleiter, solange es keinen Hinweis auf sicherheitsrelevante Mängel an solchen Teilen gibt. So hat jedenfalls das Landgericht Hamburg am 23.02.2001 entschieden. Daraus folgt leider, dass Sie vorliegend keine Schadenersatzansprüche gegen den Reiseveranstalter geltend machen können, weil dieser eben unter den gegebenen Voraussetzungen die ihm obliegende Verkehrssicherungspflicht nicht verletzt hat.

Frage: Wir verbrachten unseren Sommerurlaub 2000 in einer Cluban-
lage in Tunesien. Die Reise wurde gebucht über einen renommierten Reiseveranstalter. Im Reisekatalog wurde auch auf die
Möglichkeit hingewiesen, bei der örtlichen Tauchschule einen
Tauchkurs zu absolvieren
Vor Ort buchten wir dort einen Kurs für zwei Personen, wofür
wir insgesamt 1400,00 DM (715,81 €) bezahlen mussten. Wir
hatten Theorieunterricht, sieben Freiwassertauchgänge mit ab-
schließender Prüfung.
Danach wurde uns ein Logbuch ausgehändigt, das sehr merkwür-
dig und unprofessionell aussah. Unser Tauchlehrer erklärte uns,
das Brevet würde uns per Post nachgeschickt werden, weil es zur-
zeit Probleme mit der zuständigen Tauchvereinigung geben würde.
Nachdem wir auch nach mehreren Wochen nichts hörten,
riefen wir beim Club an. Dort erfuhren wir von einem anderen Tauchlehrer, dass die Tauchschule mit gefälschten Zertifi-
katen gearbeitet habe und keine Lizenzen ausstellen durfte.
Fazit: Wir müssen noch einmal einen Tauchkurs absolvieren, für
den wir wiederum bezahlen müssen. Welche Ansprüche haben
wir gegen den Reiseveranstalter bzw. gegen die »Tauchschule«?

Antwort: Die Fragestellung ist recht lang, die Antwort dafür recht kurz!
Gegen den Reiseveranstalter dürften keine Ansprüche bestehen,
weil er im Hinblick auf den Tauchkurs nicht Ihr Vertragspartner
geworden ist.
Die Ansprüche gegen die örtliche Tauchschule sind wohl verjährt.
Darüber hinaus müssten Ihre Ansprüche im Ausland geltend gemacht werden, was mit erheblichem Aufwand und Kosten verbunden wäre.
Ganz offensichtlich hat der Betreiber der Urlaubstauchbasis aber
gegen strafrechtliche Vorschriften verstoßen, so dass gegen ihn
eine Strafanzeige/-antrag gestellt werden könnte, was sinnvoll
wäre, auch um weitergehende Schäden bei anderen Urlaubern
zu vermeiden
Das Verhalten der Tauchschule ist mehr als unsolide und sollte
nicht hingenommen werden.

Frage: Über Ostern 2002 buchten wir eine einwöchige Tauchreise nach Malta. Leider waren das Hotel sowie die gesamte Insel völlig überbucht. Die Hotelleitung bot uns die Unterbringung für eine Nacht in einem anderen Hotel an.
Die örtliche Reiseleitung sah sich aber außerstande, uns für den Resturlaub ein alternatives Hotel zu garantieren. Daraufhin kündigten wir den Reisevertrag, fuhren mit dem Taxi zum Flughafen und traten mit von uns gekauften Tickets die Heimreise an.
Können wir vom Reiseveranstalter den Reisepreis zurückverlangen und Schadenersatz beanspruchen für das Taxigeld, den Flug nach Hause sowie für vertane Urlaubszeit?

Antwort: Ja! Ihre Kündigung des Reisevertrages war berechtigt. Bei einer einwöchigen Reise kann der Reisende bei Überbuchung des Hotels kündigen und sofort vom Vertrag zurücktreten, wenn der Vorschlag der örtlichen Reiseleitung, eine Nacht in einem Ersatzhotel zu verbringen, um am nächsten Tag möglicherweise Abhilfe zu schaffen, nicht hinreichend sicher erscheint. Zu den zu ersetzenden Ansprüchen gehören die Flug- und Taxikosten sowie die Rückerstattung des anteiligen Reisepreises. Bei der berechtigten Kündigung ist die Reise im Übrigen vereitelt, so dass gegenüber dem Reiseveranstalter auch eine angemessene Entschädigung für nutzlos aufgewandte Urlaubszeit besteht. Dieser Anspruch ist zu berechnen nach dem Verhältnis des Einkommens des Reisenden zu den Gesamtreisekosten.

Frage: Wir haben gerade eine Tauchreise (2002) auf den Malediven beendet. Im Reisekatalog sicherte der Veranstalter zu »hervorragende und faszinierende Tauchreviere und eine faszinierende Unterwasserwelt«. Vor Ort mussten wir aber feststellen, dass die Korallen abgestorben und zusammengebrochen waren. Wir sind der Auffassung, der Reiseveranstalter hätte uns hierauf vor Reiseantritt hinweisen müssen. Können wir den Reisepreis mindern bzw. Schadenersatz fordern?

Antwort: Nach einer Entscheidung des AG Homburg vom 28.03.2000 nicht. Danach ist der Reiseveranstalter im Zusammenhang mit der konkreten Reisebeschreibung nicht verpflichtet, zum Beispiel auf das Phänomen des »Coral-Bleaching« hinzuweisen. Zwar sei er verpflichtet, alle Umstände anzugeben, die nach Treu und Glauben sowie der Verkehrsauffassung für die Entschließung des Reisenden, die konkrete Reise zu buchen, von Bedeutung sein können. Unter diese Umstände fielen auch negative Eigenschaften der Reise. Auch treffe den Reiseveranstalter eine Umweltbeobachtungspflicht. Umweltbeeinträchtigungen seien mitzuteilen, die den Vertragszweck wesentlich beeinträchtigen würden. Das Absterben von Hartkorallen stelle aber nach Treu und Glauben keine derart negative Eigenschaft der Reise dar. Zwar werde das Erscheinungsbild der Tauchreviere in ästhetischer Hinsicht beeinträchtigt. Der Zweck der Reise, das Unternehmen von Tauchgängen, werde dadurch aber weder unmöglich gemacht, noch sinnlos

Der besondere Reiz der lokalen Unterwasserwelt sei durch das Vorkommen der tropischen Tier- und Pflanzenwelt geprägt, somit nicht allein durch intakte Hartkorallen.

Das Besondere von Tauchgängen in tropischen Gewässern liege in der Möglichkeit, maritime Naturlandschaft zu erleben. Es komme dem Reisenden also gerade auf die natürliche Umgebung an. Auch nach der Verkehrsauffassung stelle das Absterben der Korallen keinen den Vertragszweck gefährdenden Umstand dar.

Frage: Für Anfang 2004 hatte ich bei einem renommierten Reiseveranstalter eine Pauschalreise nach Mexiko gebucht. Im Katalog nannte der Veranstalter örtliche Tauchbasen und gab auch die Preise für die Tauchpakete bekannt. In Mexiko kaufte ich bei einer dieser Basen Bootstauchgänge, die mit einem Schlauchboot durchgeführt wurden. Bei der ersten Ausfahrt beschleunigte der Schiffsführer das Boot ohne Vorankündigung so stark, dass es mit dem Bug aus dem Wasser hob. Ich selbst wurde nach Backbord geschleudert und schlug mit dem rechten Oberschenkel gegen die Kante der Sitzbank. Folge war ein Trümmerbruch des Oberschenkelhalses, der operativ versorgt werden musste. Der Urlaub war dahin. Kann ich den Reiseveranstalter für das meiner Meinung nach grob fahrlässige Verhalten des Bootsführers verantwortlich machen, zumal die Basis selbst ja im Prospekt erwähnt wurde?

Antwort: Die Frage ist eigentlich ohne Einsichtnahme in den Reisekatalog kaum zu beantworten. Gegen eine Haftung des Reiseveranstalters spricht aufgrund Ihrer Schilderung, dass das »Tauchen« wohl nicht als eigene Leistung des Reiseveranstalters angeboten worden ist, weil mehrere Tauchbasen genannt wurden. Die Tauchgänge selbst kauften Sie auch bei der ortsansässigen Tauchbasis und nicht beim Pauschalreiseveranstalter. All dies sind Kriterien, die dafür sprechen, dass das Reiseunternehmen nicht in die Pflicht genommen werden kann, weil es bezüglich des Tauchens nicht Ihr Vertragspartner geworden ist. Die Ansprüche bei der Tauchbasis bzw. beim Bootsführer zu realisieren, dürfte praktisch schwierig sein, weil beide in Mexiko ansässig sind.

Frage: Wir haben eine Tauchreise nach Ägypten gebucht, die aus drei Teilen bestand, nämlich erstens dem Flug, zweitens einer einwöchigenTauchsafari auf einem Boot und drittens einem einwöchigen Erholungsurlaub in einem Hotel am Strand. Die Tauchsafari war eine Katastrophe, wohingegen der Hotelaufenthalt sehr angenehm war. Wir haben die Minderung des Reisepreises gefordert, und zwar bezogen anteilig auf die Tauchsafari und auf die Flugkosten.
Der Reiseveranstalter meint jedoch, dass der Flugpreis ungemindert bezahlt werden müsse, weil er auch Hin- und Rückreise zu dem Hotelaufenthalt gewesen sei, der ja mangelfrei war. Können wir mit Erfolg unsere gesamten Ansprüche durchsetzen?

Antwort: Es entspricht der höchstrichterlichen Rechtsprechung, dass ein als Teil einer Gesamtreise geschuldeter Hin- und Rückflug im Falle der Mangelhaftigkeit nur einer Reiseteilleistung grundsätzlich ebenfalls der Minderung unterliegt. Die tragende Begründung hierfür ist, dass Hin- und Rückflug nur Mittel zum Zweck sind und nicht vom Reisenden in Anspruch genommen worden wären, wenn er nicht die Aussicht auf einen erholsamen Gesamturlaub zwischen den Flugtagen gehabt hätte. Der Hotelaufenthalt stellt deshalb neben der Tauchsafari nur eine Teilleistung dar.

Deshalb kann auch der auf den Flug entfallende Teil des Reisepreises gemindert werden.

XIII.   Frankfurter Tabelle

Schadensersatzansprüche oder Reisepreisminderungen werden meist nach der sogenannten »Frankfurter Tabelle« berechnet. Nachstehende Prozentangaben geben einen Anhaltspunkt über mögliche Reisepreisminderungen, ausgehend vom Gesamtreisepreis.

I. Unterkunft

1. Abweichung von dem gebuchten Objekt 10-15 % je nach Entfernung

2 Abweichende örtliche Lage (Strandentfernung) 5-15 %

3. Abweichende Art der Unterbringung im gebuchten Hotel (Hotel statt Bungalow, abweichendes Stockwerk) 5-10 %

4. Abweichende Art der Zimmer Entscheidend, ob Personen der gleichen Buchung oder Unbekannte zusammengelegt werden

a) DZ statt EZ 20 %

b) DreibettZ statt EZ 25 %

c) DreibettZ statt DZ 20-25 %

d) VierbettZ statt DZ 20-30 %

5. Mängel in der Ausstattung des Zimmers

a) zu kleine Fläche 5-10 %

b) fehlender Balkon 5-10 % bei Zusage/je nach Jahreszeit

c) fehlender Meerblick 5-10 % bei Zusage

d) fehlendes (eigenes) Bad/WC 15-25 % bei Buchung

e) fehlendes (eigenes) WC 15 %

f) fehlende (eigene) Dusche 10 % bei Buchung

g) fehlende Klimaanlage 10-20 % bei Zusage/je nach Jahreszeit

h) fehlendes Radio/TV 5 % bei Zusage

i) zu geringes Mobiliar 5-15 %

k) Schäden (Risse, Feuchtigkeit etc.) 10-50 %

l) Ungeziefer 10-50 %

6. Ausfall von Versorgungseinrichtungen

a) Toilette 15 %

b) Bad/Warmwasserboiler 15 %

c) Stromausfall/Gasausfall 10-20 %

d) Wasser 10 %
e) Klimaanlage 10-20 % je nach Jahreszeit
f) Fahrstuhl 5-10 % je nach Stockwerk
7. Service
a) vollkommener Ausfall 25 %
b) schlechte Reinigung 10-20 %
c) ungenügender Wäschewechsel (Bettwäsche, Handtücher) 5-10 %
8. Beeinträchtigungen
a) Lärm am Tage   5-25 %
b) Lärm in der Nacht 10-40 %
c) Gerüche 5-15 %
9. Fehlen der (zugesagten) Kureinrichtungen (Thermalbad, Massagen) 20-40 % je nach Art der Projektzusage (z.B. »Kururlaub«)

II. Verpflegung

1. Vollkommener Ausfall 50 %
2. Inhaltliche Mängel
a) eintöniger Speisenzettel 5 %
b) nicht genügend warme Speisen 10 %
c) Verdorbene (ungenießbare) Speisen 20-30 %
3. Service
a) Selbstbedienung (statt Kellner) 10-15 %
b) lange Wartezeiten 5-15 %
c) Essen in Schichten 10 %
d) Verschmutzte Tische 5-10 %
e) Verschmutztes Geschirr, Besteck 10-15 %
4.Fehlende Klimaanlage im Speisesaal 5-10 % bei Zusage

III. Sonstiges

1. Fehlender oder verschmutzter Swimmingpool 10-20 % bei Zusage
2. Fehlendes Hallenbad
a) bei vorhandenem Swimmingpool 10 % soweit nach Jahreszeit benutzbar
b) bei nicht vorhandenem Swimmingpool 20 %
3. Fehlende Sauna 5 % bei Zusage
4. Fehlender Tennisplatz 5-10 % bei Zusage
5. Fehlendes Mini-Golf 3-5 % bei Zusage
6. Fehlende Segelschule, Surfschule, Tauchschule 5-10 % bei Zusage
7. Fehlende Möglichkeit zum Reiten 5-10 % bei Zusage
8. Fehlende Kinderbetreuung 5-10 % bei Zusage

9. Unmöglichkeit des Badens im Meer 10-20 % je nach Prospektbeschreibung und zumutbarer Ausweichmöglichkeit

10. Verschmutzter Strand 10-20 %

11. Fehlende Strandliegen, Sonnenschirme 5-10 % bei Zusage

12. Fehlende Snack- oder Strandbar 0-5 % Je nach Ersatzmöglichkeit

13. Fehlender FKK-Strand 10-20 % bei Zusage

14. Fehlendes Restaurant oder Supermarkt bei Zusage/je nach Ausweich Möglichkeit
a) bei Hotelverpflegung 0-5 %
b) bei Selbstverpflegung 10-20 %

15. Fehlende Vergnügungseinrichtungen (Disco, Nightclub, Kino, Animateure) 5-15 % bei Zusage

16. Fehlende Boutique oder Ladenstraße 0-5 % je nach Ausweichmöglichkeit

17. Ausfall von Landausflügen bei Kreuzfahrten 20-30 % des anteiligen Reisepreises je Tag des Landausflugs

18. Fehlende Reiseleitung
a) bloße Organisation 0-5 %
b) bei Besichtigungsreisen 10-20 %
c) bei Studienreisen mit wissenschaftlicher Führung 20-30 % bei Zusage

19. Zeitverlust durch notwendigen Umzug anteiliger Reisepreis für
a) im gleichen Hotel ½ Tag
b) in anderes Hotel 1 Tag

IV.   Transport

1. Zeitlich verschobener Abflug über 4 Stunden hinaus 5 % des anteiligen Reisepreises für einen Tag für jede weitere Stunde

2. Ausstattungsmängel
a) Niedrigere Klasse 10-15 %
b) Erhebliche Abweichung vom normalen Standard 5-10 %

3. Service
a) Verpflegung 5 %
b) Fehlen der in der Flugklasse üblichen Unterhaltung (Radio, Film, etc.) 5 %

4. Auswechslung des Transportmittels der auf die Transportverzögerung entfallende anteilige Reisepreis

5. Fehlender Transfer vom Flugplatz (Bahnhof) zum Hotel Kosten des Ersatztransportmittels

Die Tauchbasis

I. Allgemeine Hinweise

In meiner beruflichen Praxis werde ich gelegentlich auf Beanstandungen im Hinblick auf das Verhalten von Tauchbasen im In- und Ausland angesprochen.

Taucher beschweren sich darüber, dass tauchsportärztliche Bescheinigungen nicht überprüft wurden oder dass z. B. verboten wurde, mit Handschuhen zu tauchen.

Der rechtliche Umgang mit solchen Dingen ist eigentlich recht einfach.

Auf einer Basis kaufen Sie Tauchpakete, wobei Ihnen die Basis die Möglichkeit schaffen muss, diese Tauchgänge durchzuführen, entweder von einem Boot oder vom Land aus. Ein Erfolg ist darüber hinaus in der Regel nicht geschuldet.

Sie können sich somit aus rechtlichen Gründen nicht darüber beschweren, wenn die Sicht unter Wasser nicht Ihren Erwartungen entsprach oder wenn Sie den erwartenden Delfin nicht zu Gesicht bekamen.

Die Spielregeln geben die Basen vor und müssen Ihnen vor dem Ankauf des Tauchpaketes auch bekannt gemacht werden. Sie können dann selbst entschei-

Eine Tauchbasis in Ägypten.

den, ob Sie auf dieser Tauchbasis Ihren Urlaub verbringen wollen oder ob Sie lieber Kontakt zu einer anderen Basis aufnehmen.

Im Nachfolgenden einige Fallbeispiele aus der Praxis.

II. Fallbeispiele

Frage: Im Juli 2003 verbrachten wir auf einer Tauchbasis in Kroatien unseren Urlaub. Unsere minderjährige Tochter sollte einen Anfängertauchkurs absolvieren. Es wurde die Vorlage eines ärztlichen Attestes gefordert, aus dem die Tauchtauglichkeit hervorgehen sollte, was auch geschah.

Die Tochter begann dann ihren Kurs. Bereits beim ersten Tauchversuch stellte sich dann aber heraus, dass sie den Druckausgleich nicht herstellen konnte. Die Probleme ließen nicht nach, so dass der Kurs insgesamt abgebrochen werden musste. Der Tauchlehrer erstattete dann lediglich einen Viertel der insgesamt angefallenen Kurskosten. Dies erscheint mir aber viel zu wenig.

Antwort: Sie haben Ihre Tochter zu einem Anfängertauchkurs angemeldet und durch Vorlage einer ärztlichen Bescheinigung nachgewiesen, dass die Tochter vom Grundsatz her tauchtauglich war. Wenn das Kind dann während des Kurses Probleme mit den Ohren gehabt hat, so geht dies nicht zu Lasten der Tauchschule. Diese hat sich wohl auch nicht grundsätzlich geweigert, den Tauchkurs zu Ende zu bringen. Deshalb hatte Ihre Tochter (theoretisch) die Möglichkeit, den Tauchkurs nach Behebung der Ohrenprobleme fortzuführen.

Ein Anspruch auf Rückerstattung der Kursgebühr besteht deshalb nicht. Wenn dann die Tauchschule einen Viertel des Kurspreises erstattet hat, so war dies mehr als Sie aufgrund des geschlossenen Vertrages hätten fordern können.

Frage: Wir haben kürzlich bei einer deutschen Buchungsstelle zwei 10-Tage-Tauchpakete für eine Tauchbasis in Ägypten gebucht. Meine Frau erkrankte nach vier Tagen und konnte deshalb das Paket nicht abtauchen. Können wir den Kaufpreis für die sechs übrig gebliebenen Tauchgänge meiner Ehefrau zurückverlangen? Kann das 10-Tages-Paket in ein 5-Tages-Paket umgewandelt werden? Besteht zumindest ein Anspruch, die nicht durchgeführten Tauchgänge zu einem späteren Zeitpunkt nachzuholen?

Antwort: Dass Ihre Ehefrau im Urlaub erkrankte, ist wirklich Pech. Soweit in den Allgemeinen Geschäftsbedingungen des Veranstalters nichts anderes geregelt ist, besteht aber leider kein Anspruch auf Erstattung des anteiligen Kaufpreises für die Tauchgänge. Auch eine Reduzierung auf ein 5-Tages-Paket ist nach geltendem Recht nicht möglich. Ihre Ehefrau hat aber einen Anspruch darauf, die versäumten Tauchgänge zu einem späteren Zeitpunkt nachzuholen. Mein Tipp für die Zukunft: Erkundigen Sie sich bitte vor dem Ankauf von Taucharrangements, welche Möglichkeiten Ihnen eingeräumt werden, wenn das Tauchpaket z. B. durch Krankheit nicht abgetaucht werden kann. Dann gibt es im Nachhinein keine bösen Überraschungen.

Frage: Mein Frau und ich lassen uns jedes Jahr durch eine Sportarzt unsere Tauchtauglichkeit bestätigen. Bei unserem letzten Urlaub in Safaga haben wir auf Verlangen der Tauchbasis die ärztliche Bestätigung vorlegen müssen. Uns hat aber gewundert, dass einige Tauchgäste nicht in Besitz eines ärztlichen Attestes waren. Sie füllten einfach einen von der Tauchbasis vorformulierten medizinischen Fragebogen aus und bestätigen mit ihrer Unterschrift, dass sie sich gesund fühlten. Damit war dann die Frage der Tauchtauglichkeit für die unter deutscher Leitung stehende Tauchbasis abgehakt. Wir waren sprachlos! Wie wirkt sich die selbst ausgestellte Tauchtauglichkeit bei einem Tauchunfall aus? Wer haftet, wenn etwas passiert, was auf körperliche Beeinträchtigungen zurückzuführen ist?

So könnte ein perfektes Briefing aussehen.

Antwort: Soweit mir bekannt ist, gibt es keine zwingenden Gründe dafür, dass sich Tauchbasen von Tauchgästen ärztliche Tauchtauglichkeitsbescheinigungen vorlegen lassen müssen. Wenn selbst geschaffene Fragebögen verwendet werden, so liegt es in Händen der Tauchgäste, die Fragen nach ihrem Gesundheitszustand ordnungs- und wahrheitsgemäß zu beantworten. Wenn Sie falsche Angaben machen und über Ihren Gesundheitszustand täuschen, so fällt bei einem Unfall nicht unbedingt der Tauchbasis ein Verschulden zur Last.

Diese würde nämlich nur in einem Haftpflichtfall zur Verantwortung gezogen, für den die Tauchbasis verschuldensabhängig einstehen müsste. Wie gesagt, liegt ein solcher Fall nicht vor, wenn auf die Richtigkeit der Angaben eines Tauchgastes vertraut wird.

Frage: Auf einer ausländischen Tauchbasis kauften meine Familie und ich ein Tauchpaket von zwölf Tauchgängen. Die ersten acht Tauchausflüge verliefen reibungslos. Wir tauchten natürlich, so wie wir es gewohnt waren, mit Handschuhen.

Das Buchen eines Tauchpakets ist auch ein Rechtsgeschäft, welches bestimmten Regeln unterworfen ist.

Beim neunten Tauchgang wurden wir dann plötzlich vom Basis-
leiter darauf hingewiesen, dass das Tauchen mit Handschuhen
bei ihnen verboten sei. Er begründete dies damit, dass hierdurch
sichergestellt werden solle, dass die Taucher unter Wasser keine Gegenstände anfassen. Hiermit war ich nicht einverstanden.
Ich entgegnete, dass man auf diese Bedingung hätte vor Ankauf
des Tauchpakets aufmerksam machen müssen. Wir einigten uns
darauf, dass wir die restlichen Tauchgänge doch noch mit Handschuhen durchführen konnten. Es interessiert mich nun aber, ob
Tauchbasen darauf bestehen können, dass ohne Handschuhe getaucht wird.

Antwort: Derartige Bedingungen können Tauchbasen in der Tat stellen.
Der Kunde »Taucher« kauft bei dem Anbieter »Tauchbasis« ein
bestimmtes Tauchpaket. Die Voraussetzungen, unter denen die
Tauchgänge durchgeführt werden, kann die Basis stellen. Deshalb kann sie auch anordnen, dass grundsätzlich ohne Handschuhe getaucht werden muss, um sicherzustellen, dass die Unterwasserwelt nicht gefährdet wird.
Hiermit muss der Taucher natürlich nicht rechnen. Deshalb sind
ihm die Tauchbedingungen, unter denen das Tauchpaket verkauft wird, im Vorfeld mitzuteilen. Dann hat der Taucher (Käufer) die Möglichkeit, zu überlegen, ob er auf dieser Tauchbasis
überhaupt tauchen will.
Wird er erst im Nachhinein auf diese Bedingungen aufmerksam
gemacht und konnte mit der Basis keine Einigung erzielt werden, so hat der Tauchgast natürlich die Möglichkeit, gegen die
Basis Schadenersatzansprüche geltend zu machen.

Die unerlaubte Handlung und
das »Tauchen«

I. Einleitung

Eine »unerlaubte Handlung« – was mag sich dahinter verbergen und was kann so etwas mit dem Tauchen zu tun haben?

Stellen Sie sich bitte nachfolgende Situationen vor: Sie kommen nach einem

Tauchgang aus dem Wasser und wollen selbst Ihr Tauchgerät ablegen, ohne sich dabei helfen zu lassen. Versehentlich setzen Sie dieses aber nicht auf den Boden auf, sondern auf den Fuß Ihres Tauchpartners. Dicker Zeh gebrochen! Was nun? Kann der Tauchpartner von Ihnen Schmerzensgeld beanspruchen?

Eine ähnliche Situation: Sie verlieren beim Ablegen des Tauchgerätes das Gleichgewicht und stürzen. Dabei fallen Sie auf die Tauchausrüstung eines anderen Tauchers und beschädigen dabei dessen Kompass. Kann dieser Schadensersatz von Ihnen beanspruchen?

In den vorherigen Kapiteln haben wir schon einiges über die Geltendmachung von Schadensersatzansprüchen gehört.

Zeh gebrochen! Kann ich Schmerzensgeld fordern?

Dort waren Vertragsbeziehungen Grundlage hierfür. Ganz offenkundig bestehen aber in den beiden Beispielsfällen eben keine vertraglichen Bindungen zwischen Schädiger und Geschädigtem.

Können trotzdem Schadensersatzansprüche geltend gemacht werden?

Wir sind schon mitten im Recht der »unerlaubten Handlungen«.

Die Regelungen dieses Rechtsinstitutes (§§ 823 ff. BGB) beruhen auf dem Grundsatz, dass derjenige zum Schadensersatz verpflichtet sein soll, der bestimmte geschützte Rechtsgüter oder Rechte eines Dritten durch einen nicht erlaubten, rechtswidrigen Eingriff schuldhaft verletzt.

Die unerlaubte Handlung – auch Delikt genannt – wird daher definiert als »die eine Schadensersatzpflicht begründende, rechtswidrige und schuldhafte Verletzung fremder Rechte oder Rechtsgüter, die gegen allgemeine, allen Dritten gegenüber bestehenden Rechtspflichten verstößt«.

Mein Tauchpartner hat meinen Kompass beschädigt. Kann ich Schadensersatz verlangen?

Wird nur eine Vertragspflicht verletzt und infolgedessen eine Schadensersatzpflicht nach den Regeln der Leistungsstörung begründet, so ist dieses rechtwidrige, zum Schadensersatz verpflichtende Verhalten des Vertragspartners keine unerlaubte Handlung. Dies deshalb nicht, weil keine allgemeine, allen Dritten gegenüber bestehende Rechtspflicht, sondern nur eine dem Vertragspartner gegenüber bestehende Pflicht verletzt wird.

Damit eine Handlung »unerlaubt« ist, ist erforderlich, dass sie »rechtswidrig« ist. Wer daher zum Beispiel ein in § 823 Abs. 1 BGB geschütztes Recht, etwa das Eigentum eines Dritten, verletzt, dafür aber einen Rechtfertigungsgrund hat, begeht keine unerlaubte Handlung.

In unseren Beispielsfällen wäre ein solcher rechtfertigender Umstand z. B. dann gegeben, wenn unser Taucher, der das Tauchgerät ablegen wollte, einem anderen schwer verletzten Taucher hätte helfen wollen. Dann würde die Hilfeleistung für den anderen einen Rechtfertigungsgrund darstellen.

Ebenso wie die Widerrechtlichkeit der Schädigung ist auch das Verschulden charakteristisch für die unerlaubte Handlung.

Der Ersatzpflicht liegt der Gedanke zugrunde, dass derjenige, der einen anderen in pflichtwidriger und schuldhafter Weise verletzt, für die Folgen seines Verhaltens aufkommen muss. Die Rechtsordnung knüpft also eine Schadensersatzpflicht aus unerlaubter Handlung grundsätzlich an ein rechtwidriges und schuldhaftes Handeln des Schädigers.

Nur für wenige Ausnahmefälle hat der Gesetzgeber, weil er hier eine Ausnahme von dem Verschuldensprinzip für geboten erachtete, eine Gefährdungshaftung ausdrücklich angeordnet. Ein solcher Ausnahmefall stellt z. B. das Produkthaftungsgesetz dar.

II. Einzelheiten zum Recht der unerlaubten Handlung

1. Die Anspruchsvoraussetzungen des § 823 Abs. 1 BGB

§ 823 Abs. 1 BGB besagt, dass derjenige, der vorsätzlich oder fahrlässig das Leben, den Körper, die Gesundheit, die Freiheit, das Eigentum oder ein sonstiges Recht eines anderen widerrechtlich verletzt, diesem zum Ersatz des daraus entstehenden Schadens verpflichtet ist.

Bis auf das »sonstige Recht« dürften alle anderen Begriffe klar sein. Charakteristisch für »alle sonstigen Rechte« ist, dass sie sich – wie das Eigentum – gegen jedermann richten und daher von jedermann verletzt werden können. Man spricht auch von »absoluten Rechten«. Hierzu gehören beispielhaft das allgemeine Persönlichkeitsrecht und der Besitz.

Dem Anspruchsgegner wird die Verletzung eines Rechtsgutes oder eines Rechtes nur dann zugerechnet, wenn sie auf seinem Handeln beruht.

Das Handeln umfasst das positive Tun und das – pflichtwidrige – Unterlassen.

Ein positives Tun ist immer dann gegeben, wenn eine willensbestimmte Tätigkeit vorliegt, ohne dass es auf die Zielrichtung des Handelns ankommt.

Stellen Sie sich bitte nachfolgenden Sachverhalt vor:

Sie nehmen eigenmächtig einen Tauchcomputer aus einer fremden Tasche und begutachten diesen. Plötzlich strömt die Tauchflasche eines anderen Tauchers ab, was eine große Geräuschkulisse verursacht. Sie erschrecken sich furchtbar und lassen aus diesem Grund den Computer fallen. Dieser fällt auf den Boden und wird beschädigt.

Lag ein zielgerichtetes Handeln vor, weil Ihnen der Computer aufgrund eines Schrecks aus der Hand fiel?

Das Landgericht Wuppertal hat in einem ähnlich gelagerten Fall einen Schadensersatzanspruch zugesprochen. Eine gesteuerte Handlung sei nämlich jedes menschliche Tun, das der Bewusstseinskontrolle und der Willenssteuerung unterliege, also beherrschbar sei. Das Fallenlassen eines Gegenstandes aufgrund eines Erschreckens sei nicht als Reflexbewegung, sondern als sog. Schreckreaktion einzuordnen. Diese habe Handlungsqualität.

Hätten Sie das gedacht?

Eine Rechtsgutverletzung kann auch dadurch eintreten,

Da ist mir doch vor Schreck der Computer aus der Hand gefallen.

dass jemand eine gebotene Handlung unterlässt. Das Unterlassen wird einem positiven Tun gleichgestellt, sofern den Nichthandelnden eine Rechtspflicht trifft, eine Rechtsgutverletzung zu verhindern.

Sie beobachten an einem See, wie ein unbeteiligter Dritter sich an einem Tarierjackett eines anderen Tauchers zu schaffen macht. Dieser versucht, mit einem Messer Löcher in die Tarierweste zu stechen. Müssen Sie eingreifen? Moralisch sicherlich! Aber auch juristisch?

Die Rechtspflicht zum Handeln besteht nur für denjenigen, der Garant für die Unversehrtheit des verletzten Rechtsgutes ist. Dem in Anspruch genommenen muss also eine Garantenstellung im Hinblick auf das verletzte Rechtsgut des anderen zukommen. Er muss verpflichtet sein, die eingetretene Verletzung zu verhindern.

Das kann doch wohl nicht wahr sein!

In unserem Beispielsfall wäre eine Garantenstellung dann sicherlich gegeben, wenn Sie vom Eigentümer des Jacketts beauftragt worden wären, auf dieses aufzupassen.

Die Rechtsgutverletzung muss dem Handeln des Anspruchsgegners auch zuzurechnen sein.

Die Zurechnung ist grundsätzlich zu bejahen, wenn ein adäquater Kausalzusammenhang zwischen dem Handeln und der Rechtsgutverletzung besteht.

Ein positives Tun ist ursächlich, wenn es nicht weggedacht werden kann, ohne dass der Erfolg entfiele.

Eine Unterlassung ist ursächlich, wenn pflichtgemäßes Handeln den Eintritt des schädigenden Erfolges mit an Sicherheit grenzender Wahrscheinlichkeit verhindert hätte.

Dann muss auch noch ein rechtswidriges Verhalten des Schädigers vorliegen.

In der Regel indiziert die Tatbestandmäßigkeit auch die Rechtswidrigkeit. Wenn also die Tatbestandsmäßigkeit bejaht wurde, wenn also bei § 823 Abs. 1 BGB festgestellt wurde, dass eines der dort genannten Rechtsgüter oder Rechte verletzt worden ist und dies dem Handeln des Anspruchsgegners zugerechnet werden muss, dann ist damit auch die Rechtwidrigkeit bejaht. Zumindest dann, wenn nicht besondere Rechtsfertigungsgründe eingreifen.

Anerkannte Rechtfertigungsgründe sind:
- die Notwehr gegenüber einem rechtswidrigen Angriff, § 227 BGB
- der Verteidigungsnotstand, § 228 BGB
- das Selbsthilferecht, § 229 BGB
- der Notstand, § 904 BGB
- der übergesetzliche Notstand, der gesetzlich nicht geregelt ist
- die Einwilligung des Geschädigten in die Verletzung von Rechtsgütern, die seiner Disposition unterstehen
- die Wahrnehmung berechtigter Interessen
- die gesetzlichen oder gewohnheitsrechtlichen Eingriffsermächtigungen, wie z. B. das vorläufige Festnahmerecht nach § 127 StPO oder die Befugnisse des Gerichtsvollziehers nach der Zivilprozessordnung.

2. Die übrigen Anspruchsgrundlagen aus dem Recht der unerlaubten Handlung

Weitere Anspruchsgrundlagen bestehen wegen der Verletzung eines Schutzgesetzes (§ 823 Abs. 2 BGB), wegen der vorsätzlichen sittenwidrigen Schädigung eines anderen (§ 826 BGB), wegen Kredit- und Erwerbsschädigung (§ 824 BGB) und wegen der Haftung für Verrichtungsgehilfen (§ 831 BGB). Diese Aufzählung ist nicht abschließend.

Für uns Taucher dürften diese Bestimmungen eher zu vernachlässigen sein, weil wir bei der Ausübung des Tauchsports mit ihnen kaum in Berührung kommen werden.

3. Die Gefährdungshaftung nach dem Produkthaftungsgesetz

a) Allgemeine Hinweise

Es wurde bereits oben erwähnt, dass die Produkthaftung einen Teil der Gefährdungshaftung darstellt, wenn dies dogmatisch auch nicht unbestritten ist.

Anders als viele Kaufleute verstehen Juristen unter Produkthaftung nur die Haftung des Herstellers für Schäden, die aus der Benutzung seiner Produkte resultieren.

Geregelt ist alles im Produkthaftungsgesetz (ProdHaftG).

Die Ansprüche nach diesem Gesetz entstehen unabhängig davon, ob zwischen Hersteller und Endkunden ein Vertrag geschlossen worden ist.

Die Regeln des ProdHaftG treten neben die vertragliche Haftung des Verkäufers aus dem Bürgerlichen Gesetzbuch. Deshalb bleiben die vertraglichen Gewährleistungsansprüche von der Haftung aus dem ProdHaftG unberührt.

Neben Ansprüchen gegen den Hersteller können in vielen Fällen auch Ansprüche aus Gewährleistungen (z. B. wegen des Vorliegens eines Mangels) gegen den Verkäufer (z. B. Händler) geltend gemacht werden.

Das ProdHaftG ist zwingendes Recht und kann deshalb vertraglich nicht abgeändert oder ausgeschlossen werden.

§ 1 Abs. 1 ProdHaftG begründet eine verschuldensunabhängige Gefährdungshaftung. Verschuldensunabhängige Haftung bedeutet, dass der Hersteller auch dann haftet, wenn ihm weder Vorsatz noch Fahrlässigkeit zur Last gelegt werden kann.

Der Hersteller haftet sogar bei nicht vermeidbaren Fehlern an Einzelstücken (sog. »Ausreißer«).

b) Die Anspruchsvoraussetzungen

Es muss ein mangelhaftes Produkt vorliegen.

Was ein Produkt darstellen soll, ist in § 2 ProdHaftG beschrieben. Hierzu gehören unter anderem bewegliche Sachen, auch wenn sie nur Teil einer anderen Sache sind.

Ein Fehler liegt vor, wenn die unter Berücksichtigung aller Umstände berechtigten Sicherheitserwartungen des Verbrauchers nicht erfüllt werden (§ 3 ProdHaftG).

Die Verletzungshandlung muss im Fall einer Tötung, einer Körper- oder Gesundheitsverletzung oder einer Sachbeschädigung an einer anderen Sache als dem mangelhaften Produkt erfolgt sein.

Im Falle einer Sachbeschädigung muss die Sache zugleich für den privaten Gebrauch hergestellt und auch bestimmungsgemäß eingesetzt worden sein.

Das Vermögen als solches ist nicht geschützt. Zudem ist erforderlich, dass der Schaden auch auf den Produktfehler zurückzuführen ist.

Anspruchsberechtigt sind sowohl der unmittelbar als auch der mittelbar Geschädigte.

Nach § 1 ProdHaftG haftet der Hersteller. Wer dies ist, ergibt sich aus § 4 ProdHaftG.

Diese sind:

- der tatsächliche Hersteller des Endprodukts
- der Zulieferer eines Teilprodukts, sofern dieses tatsächlich fehlerhaft war
- der Importeur eines Produkts von außerhalb der EU

- der Händler, soweit er auf dem Produkt seinen Namen, sein Werbezeichen oder ein anderes unterscheidungskräftiges Kennzeichen anbringt
- der Lieferant, wenn der Hersteller des Produkts nicht festgestellt werden kann. Dies gilt nicht, wenn der Lieferant innerhalb eines Monats den Namen seines Vorlieferanten oder des Herstellers mitteilt.

Alle aufgeführten Personen und Institutionen haften, so dass sich der Geschädigte beispielsweise den Finanzstärksten herausgreifen kann.

Für uns Taucher kommen zwei wesentliche Aspekte in Betracht:

Wird z. B. ein Lungenautomat zusammengesetzt aus verschiedenen Produkten

Ob jetzt ein neues Produkt geboren wird?

unterschiedlicher Hersteller, dann wird ein neues Produkt geboren, für das derjenige nach dem ProdHaftG haftet, der den Lungenautomaten dann gewerblich in den Verkehr bringt.

Tauchgeschäfte versehen gerne z. B. Tauchanzüge mit ihrem eigenen Warenzeichen. Geht z. B. bei einer derartigen Konstellation bei einem Tauchgang der Inflatorschlauch eines Trockentauchanzuges defekt und kommt es zu einem Unfall, dann hat der Inhaber des Tauchgeschäftes ein nicht unerhebliches Problem, das er wohl alleine lösen muss.

Nach § 1 Abs. 2, 3 ProdHaftG ist die Haftung ausgeschlossen, wenn
- der Hersteller das Produkt nicht in den Verkehr gebracht hat (es wurde ihm gestohlen)
- der Fehler nach dem Inverkehrbringen des Produkts entstanden ist (es wurde unfachgerecht repariert)
- das Produkt nur für den privaten Eigenbedarf gefertigt wurde
- der Fehler auf der Berücksichtigung von zwingendem Recht beruht
- der Fehler nach dem Stand von Wissenschaft und Technik zur Zeit des Inverkehrbringens nicht erkannt werden konnte
- das Teilprodukt eines Zulieferers für sich fehlerfrei war und der Fehler erst durch die Herstellung des Endprodukts entstanden ist.

c) Beweisfragen

Für den Fehler, den Schaden und den ursächlichen Zusammenhang zwischen beiden, ist der Geschädigte beweispflichtig (§ 1 Abs. 4 ProdHaftG).
Der Hersteller muss Umstände, welche ihn entlasten können, vorbringen.
Für Hersteller und Geschädigten gilt, dass etwas dann bewiesen ist, wenn dafür die überwiegende Wahrscheinlichkeit spricht.

d) Verjährungsfragen

Die Verjährungsfrist beträgt drei Jahre (§ 12 ProdHaftG).
Sie beginnt, wenn der Geschädigte von dem Schaden, dem Fehler und dem Ersatzpflichtigen Kenntnis erlangt oder hätte erlangen müssen.
Sind seit dem Inverkehrbringen des Produktes mehr als zehn Jahre vergangen, können keine Ansprüche aus Produkthaftung mehr geltend gemacht werden (§ 13 ProdHaftG).

e) Umfang der Ansprüche

Personenschäden sind vom Hersteller bis zu einer Höhe von 85 Millionen Euro zu ersetzen.
Sachschäden müssen nur ersetzt werden, soweit andere Sachen als das Produkt selbst beschädigt wurden.
Die Haftung wird weiter auf Sachen beschränkt, die für den Privatgebrauch bestimmt sind und auch hauptsächlich für private Zwecke verwendet wurden.
Der Geschädigte muss sich zudem mit 500 Euro selbst an der Beseitigung des Sachschadens beteiligen.
Bei der Haftung für Sachschäden gibt es keine Obergrenze.
Nach § 14 ProdHaftG kann die Haftung nicht vertraglich begrenzt werden.

III. Fallbeispiele

Frage: Ich habe vor einiger Zeit an meinem Lungenautomaten ein anderes Mundstück einer anderen Firma angebracht. Bei einer jetzt durchgeführten Revision wurde mir mitgeteilt, dass dieses Mundstück für den Automaten nicht zulässig sei und dies im Schadensfall zu einem Haftungsausschluss des Herstellers des Lungenautomaten führe. Ist dies richtig?

Antwort: In der Regel werden die Mundstücke und zweiten Stufen eines Automaten vom Hersteller technisch koordiniert. Wenn ein Mundstück und eine zweite Stufe eines Automaten technisch derart abgestimmt worden sind, stellt das Mundstück in Verbindung mit dem Automaten eine Einheit dar, das heißt, ein einheitliches Produkt.

Wird an einem Automaten das Mundstück eines anderen Herstellers angebracht und löst sich dies beim Tauchen, so dass es zu einem Schaden kommt, führt dies aber nicht automatisch zu einem Haftungsausschluss des Herstellers des Lungenautomaten. Vielmehr ändert sich nur die Beweislast.

Grundsätzlich spricht eine gesetzliche Vermutung dafür, dass ein bei dem Betrieb eines Produktes entstandener Schaden vom Hersteller zu vertreten ist. Diesem obliegt dann die Beweislast dafür, dass der Schaden eben nicht durch einen Fehler seines Produktes verursacht wurde. Wird das Produkt (Lungenautomat) verändert durch Anbringung eines fremden Mundstückes und entsteht dann ein Schaden, tritt eine Umkehr der Beweislast ein.

Nicht der Hersteller des Automaten muss beweisen, dass sein Produkt fehlerfrei war, sondern Sie müssen dem Hersteller nachweisen, dass der eingetretene Schaden auch bei Verwendung des originalen Mundstückes entstanden wäre. Dies ist sicherlich recht schwierig und auch mit Kosten verbunden. Deshalb würde ich von meiner Seite aus nicht empfehlen, ein Mundstück einer anderen Firma zu verwenden, es sei denn, sowohl Mundstück- und Automatenhersteller würden zusichern, dass beide Teile kompatibel sind.

Frage: Im Januar 2003 habe ich eine Digimax 410 und ein dazugehöriges Unterwassergehäuse gekauft, allerdings bei unterschiedlichen Händlern.

Beim ersten Tauchgang mit der Kamera auf 10 m Tiefe lief das UW-Gehäuse voll Wasser, wodurch die Kamera defekt ging. Bei einer Händlerprüfung wurde festgestellt, dass das Gehäuse einen fehlerhaften Verschluss besaß, der für die Undichtigkeit verantwortlich war. Das Geschäft, in dem ich das UW-Gehäuse kaufte, nahm dies zurück.

Ersatz für die defekte Kamera erhielt ich aber nicht. Begründet wurde dies damit, dass es sich nicht um einen Garantiefall handeln würde, weil es »mein Privatvergnügen« gewesen sei, mit der Kamera und dem Gehäuse zu tauchen. Ist dies korrekt? Habe ich auch Ansprüche gegen den Hersteller des Gehäuses?

Antwort: Keinesfalls! Eine vom Hersteller bzw. vom Verkäufer eingeräumte Garantie ist eine reine privatrechtliche Erklärung, welche die gesetzlichen Ansprüche nicht beeinträchtigen kann. Weil der Verschluss des UW-Gehäuses mangelhaft gewesen ist, so dass deshalb Wasser eintrat, stehen Ihnen die gesetzlichen Gewährleistungsrechte zu, die erst innerhalb einer Frist von zwei Jahren verjähren.

Zu diesen Gewährleistungsrechten gehört nicht nur der Mangelschaden, den der Händler durch Rücknahme des Gehäuses erfüllt hat. Vielmehr fällt hierunter auch der sog. Mangelfolgeschaden, der an der Kamera durch eingedrungenes Wasser entstanden ist. Auch hierfür wird aus Schadenersatzgesichtspunkten heraus gehaftet. Der Händler kann somit die Ansprüche wegen des beschädigten Fotoapparates nicht als unbegründet zurückweisen. Dass er dies trotzdem tat, ist umso unverständlicher, weil es sich vorliegend um einen Verbrauchsgüterkauf handelte, bei dem er selbst einen Rückgriffsanspruch gemäß § 478 BGB gegen seinen Zulieferanten hätte und er sich bei diesem schadlos halten könnte. Einen außervertraglichen Anspruch nach dem Produkthaftungsgesetz gegen den Hersteller des Gehäuses werden Sie wohl nicht haben, weil dieser bei der Herstellung des UW-Gehäuses mindestens fahrlässig gehandelt haben müsste. Nach Ihrer Darstellung scheint dies nicht der Fall gewesen zu sein, so dass nur von einem »Ausreißer« bei der Produktion des Verschlusses des Gehäuses gesprochen werden kann. Hierfür wird nicht gehaftet.

Frage: Im Juni 2004 hatte ich als Guide einen Tauchgang zu führen. Plötzlich gab es einen Knall. Ich stellte fest, dass der »Niederdruckschlauch«, der von der 1. zur 2. Stufe führt, schlichtweg aus der Metallhülse gerutscht war.

Entweder war der Schlauch verschlissen oder nicht (richtig) gekrimpt. So etwas ist mir noch nie passiert! Ich habe mich umgehört. Noch nie hat jemand erlebt, dass ein ND-Schlauch aus der Krimpung der Metallhülse gerutscht ist.

Hat man mir einen »Billigschlauch« verkauft? Kann ich Ansprüche nach dem Produkthaftungsgesetz gegen den Hersteller geltend machen?

Antwort: Der Hersteller eines Produkts ist verpflichtet, dem Geschädigten den entstandenen Schaden zu ersetzen, wenn durch den Fehler eines Produkts jemand getötet, sein Körper oder seine Gesundheit verletzt oder eine Sache beschädigt wird. Im Fall der Sachbeschädigung gilt dies aber nur, wenn eine andere Sache als das fehlerhafte Produkt beschädigt wird und diese andere Sache ihrer Art nach gewöhnlich für den privaten Ge- oder Verbrauch bestimmt und hierzu von dem Geschädigten hauptsächlich verwendet worden ist.

Weil vorliegend »nur« der ND-Schlauch aus der Metallhülse gerutscht ist und ansonsten (Gott sei Dank) kein weitergehender Schaden entstanden ist, kommt eine Haftung des Herstellers nach dem Produkthaftungsgesetz nicht in Betracht. Sie sollten überprüfen, ob Sie gegenüber dem Händler, bei dem Sie den Niederdruckschlauch gekauft haben, nicht noch die gesetzlichen Gewährleistungsrechte geltend machen können. Hoffentlich ist noch keine Verjährung eingetreten.

Versicherungsrechtliche Fragen
rund um den Tauchsport

Versicherungsrechtliche Fragen

I. Allgemeine Hinweise

Das Versicherungsrecht ist eine Sache für sich. Es ist durchsetzt von Formalien, die einzuhalten sind, um die Versicherungsleistung auch tatsächlich zu erhalten.

Es geht schon los beim Versicherungsantrag. Hier sollten Sie in jedem Fall wahrheitsgemäße Angaben machen. Geschieht dies nicht, laufen Sie Gefahr, dass Ihnen eine Obliegenheitsverletzung vorgeworfen wird. Eine solche kann die Versicherungsgesellschaft berechtigen, das Vertragsverhältnis fristlos zu kündigen, und zwar rückwirkend.

In Schadensfällen sind Sie gehalten, alle Umstände an die Versicherungsgesellschaft heranzutragen, die zur Sachaufklärung dienen.

Der Versicherer ist auch von der Verpflichtung zur Leistung frei, wenn Sie als Versicherungsnehmer den Versicherungsfall vorsätzlich oder durch grobe Fahrlässigkeit herbeigeführt haben.

Denken Sie auch stets daran, die Erstprämie und die Folgeprämien zu bezahlen.

Wird z. B. eine Folgeprämie nicht rechtzeitig bezahlt, kann der Versicherer dem Versicherungsnehmer schriftlich eine Zahlungsfrist von mindestens zwei Wochen bestimmen. In dieser sog. qualifizierten Mahnung muss der Versicherer z. B. darauf hinweisen, dass er von der Leistung frei wird, wenn der Versicherungsfall nach Ablauf der gesetzten Frist eintritt und der Versicherungsnehmer zu dieser Zeit mit der Zahlung der Prämie oder der geschuldeten Zinsen oder Kosten in Verzug ist.

Dass den Versicherungsnehmer dieses Mahnschreiben erreicht hat, muss der Versicherer beweisen. Dies kann nur dadurch geschehen, wenn ein Einschreiben + Rückschein-Schreiben oder Einschreiben-Einwurf-Schreiben verwendet wurde.

In der Regel geschieht dies allerdings nicht in dieser Form. Aus Kostengründen werden auch die qualifizierten Mahnungen mit normaler Post verschickt.

II. Die Reisegepäckversicherung

1. Zustandekommen des Vertrages und Beginn der Haftung

Bezüglich des Zustandekommens des Vertrages gibt es keine großartigen Besonderheiten.

In der Praxis hat sich durchgesetzt, dass der Versicherungsschein gegen Zahlung der Erstprämie ausgehändigt wird, und zwar in der Regel in dem jeweiligen Reisebüro, wo der Reisegepäckversicherungsvertrag abgeschlossen wird. Dort wird der gesamte Reisepreis bezahlt, in dem regelmäßig die Prämie für die Reisegepäckversicherung enthalten ist.

Auch andere Vertragskonstellationen sind möglich.

Der Versicherungsschutz beginnt mit dem Antritt der Reise und endet mit der Rückkehr. Auch zeitliche Befristungen sind möglich.

2. Versicherte Personen und Sachen

Das gesamte Reisegepäck des Versicherungsnehmers sowie seiner Familienangehörigen und des Lebensgefährten sind mitversichert, wenn sie im Versicherungsschein namentlich aufgeführt sind. Diese Personen müssen aber mitreisen, was bedeutet, dass große Teile des Reiseweges gemeinsam zurückgelegt werden müssen.

Schwierigkeiten bestehen dann, wenn man sich – durchaus vorausgeplant – während der Reise trennt. Wenn also auf die Seychellen gereist wird und die Ehefrau und die Kinder des Versicherungsnehmers auf der Hauptinsel Badeurlaub machen und der Versicherungsnehmer selbst auf eine andere Insel weiterfliegt, um dort zu tauchen, dann wird man kaum noch von einem gemeinsamen Aufenthalt sprechen können.

Auf die Eigentumslage beim mitgeführten gesamten Reisegepäck kommt es nicht an.

Entscheidend ist aber die gemeinsame Nutzung des Reisegepäcks.

Schwierigkeiten treten auf bei Besuchsgeschenken und Reiseandenken, wenn diese den »üblichen Bedarf« übersteigen.

Bei Wertgegenständen kommt es auf den Körperkontakt an.

Die für das Tauchen abgelegte Goldkette ist also nicht versichert. Weitere Abgrenzungskriterien entstehen bei Uhren, die »jenseits der gehobenen Mittelklasse« im Anschaffungspreis liegen, was gerade z. B. bei Taucheruhren der Fall sein kann.

Nicht mitversichert ist die Garderobe, die anlässlich der Urlaubsreise »für zu Hause« gekauft wird.

Wichtig ist, bei einem Reisegepäckschaden bei jedem einzelnen Gegenstand zu prüfen, ob er dem Versicherungsschutz unterliegt. Dies kann nicht nur bei Wertgegenständen, sondern auch bei Sportgeräten häufig zu Schwierigkeiten führen.

In sämtlichen Klauseln von Reisegepäckversicherungen befinden sich Ausschlüsse von Schäden. Eine solche ist die sog. Kfz-Klausel. Wertgegenstände sind nämlich weder in Kraftfahrzeugen noch in Wassersportfahrzeugen mitversichert.

Versicherungsrechtliche Fragen

Das sonstige Reisegepäck auch nur dann, wenn das Fahrzeug tagsüber abgestellt wurde, wobei als Tageszeit allgemein die Zeit zwischen 6:00 Uhr und 22:00 Uhr gilt.

Das Reisegepäck muss in einem »durch Verschluss gesicherten Innen- oder Kofferraum« befindlich sein.

Ansonsten muss das Fahrzeug in einer abgeschlossenen Garage stehen, nicht in einem Parkhaus oder einer Tiefgarage.

Ein wichtiges Thema gerade bei der Reisegepäckversicherung ist die grobe Fahrlässigkeit.

Auf Flughäfen, Bahnhöfen, großen Parkplätzen etc. wird von der Rechtsprechung »ständiger Körperkontakt« gefordert. Der Koffer und die Taschen können eigentlich nur so abgestellt werden, dass man diese Gegenstände links und rechts mit den Beinen umklammert.

So sorglos sollten Sie nicht mit Ihrem Reisegepäck umgehen.

Sitzen Ehefrau und Kinder auf zwei Gepäckstücken in einer Wartehalle und geht der Ehemann kurz weg, z. B. um einzuchecken, und wird das dritte Gepäckstück, das daneben stand, in dieser Zeit entwendet, so soll dies bereits grobe Fahrlässigkeit gewesen sein.

Neben den Reisegepäckversicherungsbedingungen gelten häufig auch die Hausratsversicherungsbedingungen.

Haben Sie einen Schaden während einer Reise erlitten, ohne eine Reisegepäckversicherung abgeschlossen zu haben, dann muss geprüft werden, ob nicht eine Hausratversicherung besteht und ob nicht dort Versicherungsschutz zu erlangen ist.

3. Entschädigungsleistungen

Die Reisegepäckversicherung ist keine Neuwert-, sondern eine Zeitwertversicherung.

Für zerstörte oder abhanden gekommene Sachen erhalten Sie nicht den Betrag, der notwendig ist, um die Sache neu zu beschaffen, sondern nur den Betrag, den die Sache zum Zeitpunkt des Schadens noch wert war.

Wurde ein Gegenstand beschädigt und ist er reparaturfähig, werden die Reparaturkosten, jedoch höchstens bis zum Zeitwert, gezahlt.

Bei Filmen sowie Ton- und Datenträgern wird nur der Materialwert ersetzt.

Für die Wiederbeschaffung von Personalausweisen, Reisepässen, Kraftfahrzeugpapieren und sonstigen Ausweispapieren erhalten Sie nur die amtlichen Gebühren erstattet.

Wurde Ihnen Ihre Brille gestohlen und konnten Sie deshalb nicht Auto fahren, bekommen Sie keinen Nutzungsausfall für die Zeit, in der Sie Ihr Auto nicht benutzen konnten.

Haben Sie bei Vertragsabschluss eine zu geringe Versicherungssumme angegeben, wird der Wert der beschädigten Gegenstände nur anteilig ersetzt.

Schäden an Schmucksachen, Edelmetallgegenständen sowie an Foto- und Filmapparaten sowie deren Zubehör werden je Versicherungsfall mit höchstens 50 % ersetzt. Denken Sie hier an Ihre Unterwasserfilm- oder -fotoausrüstung.

Schäden durch Verlieren bzw. Schäden an Geschenken und Reiseandenken, die auf der Reise erworben wurden, werden mit höchstens 10 % der Versicherungssumme ersetzt.

Wichtig ist es, sich bei Abschluss des Reisegepäckversicherungsvertrages in jedem Einzelfall über den Haftungsumfang und die Entschädigungsleistungen zu informieren.

4. Wie Sie sich im Schadensfall verhalten sollten

Tritt ein Schadensfall ein, der versichert ist, sollten Sie Nachfolgendes beachten:

- Wenn möglich, insbesondere bei größeren Schäden, sollten Sie den Schadensfall bereits vom Urlaubsort aus dem Versicherer anzeigen. Dies sollte nachweisbar geschehen, z. B. durch Faxschreiben oder durch E-Mail.
- Wenn Sie am Urlaubsort bereits Ersatzansprüche gegen Dritte geltend machen können, können Sie auch diese unmittelbar dort anzeigen. Lassen Sie sich dies dann bescheinigen, um Ihre Versicherungsgesellschaft informieren zu können.
- Sie haben auch Mitwirkungspflichten im Hinblick auf die Aufklärung des Schadensfalles. Sind Sie in Besitz von Reparaturkostenrechnungen oder Wiederbeschaffungsbelegen, müssen Sie diese aufbewahren und dem Versicherer zur Verfügung stellen. Sie sind auch gehalten, eine Liste über das mitgeführte Reisegepäck zu erstellen.
- Wenn Sie durch eine strafbare Handlung zu Schaden gekommen sind, müssen Sie bei der zuständigen Behörde am Urlaubsort eine Strafanzeige erstatten. Lassen Sie sich eine entsprechende Bestätigung aushändigen.
- Ist Ihnen ein Gegenstand aus dem Reisegepäck abhanden gekommen, sollten Sie vor Ort nachforschen und auch dies dokumentieren.
- Nach der Rückreise müssen Sie sich wiederum an die Versicherung wenden, um bei der Aufräumung von Missständen mitzuwirken.
- Lehnt die Versicherung die Regulierung des Schadens ab, müssen Sie innerhalb von sechs Monaten klagen. Geschieht dies nicht, ist der Versicherer von seiner Leistungspflicht frei. Der Reisegepäckversicherer muss aber ausdrücklich auf die Klagefrist eben von sechs Monaten aufmerksam machen. Tut er dies nicht, kann er sich nicht auf seine Leistungsfreiheit berufen.

III. Reiserücktrittkosten-Versicherung

Insbesondere bei von Reiseveranstaltern durchgeführten Reisen ist es heutzutage üblich, dass der Kunde die Reise bereits Monate vor dem geplanten Reiseantritt bucht.

Das erleichtert zwar den Reiseveranstaltern die Disposition, so dass sie für frühzeitige Buchungen teilweise mit erheblichen Nachlässen auf den Reisepreis werben.

Für den Reisenden besteht aber die Gefahr, dass er oder eine Risikoperson in dem Zeitraum bis zum geplanten Reiseantritt verunfallen oder schwer wiegender erkranken kann, so dass er am Antritt der Reise gehindert ist.

Muss dann der Reisende von der Reise zurücktreten (stornieren), können zeitlich gestaffelt, je nachdem, wie lange vor dem geplanten Reiseantritt der Rücktritt erklärt werden muss, beträchtliche Stornokosten entstehen.

Diese bewegen sich zwischen 10 und 80 Prozent des Reisepreises, manchmal werden sogar 100 Prozent erreicht.

Da die Reiseveranstalter von ihren Kunden teilweise erhebliche Vorauszahlungen verlangen, besteht die Gefahr, dass der Reisende, der aus Gesundheitsgründen oder sonstigen erheblichen Gründen, die auch bei einer Risikoperson auftreten können, von der Reise zurücktreten muss, mit der Folge, dass die Vorauszahlungen verloren gehen oder sogar noch zusätzliche Stornokosten entstehen.

Dieses Risiko kann der Reisende durch Abschluss einer Reiserücktrittskosten-Versicherung abdecken.

1. Das Zustandekommen des Vertrages

Die Verträge werden – ebenso wie die Reisegepäckversicherung – in der Regel im Reisebüro im Rahmen einer Pauschalreise abgeschlossen. Auch bei Individualreisen wird der Vertrag bei der entsprechenden Fluggesellschaft oder in einem Reisebüro zustande kommen.

Die Versicherungsprämie ist mit der Aushändigung des Versicherungsscheins zu bezahlen.

Wenn nicht gekündigt wird, endet der Vertrag mit Fristablauf.

2. Einzelheiten zum Versicherungsschutz

Zu unterscheiden ist zwischen dem Nichtantritt der Reise und dem Reiseabbruch. Wenn keine einzige Leistung der Pauschalreise in Anspruch genommen wurde, ist die Reise noch nicht angetreten.

Wurde am Flughafen allerdings mit dem Gepäck eingecheckt oder wurde bei der Eisenbahn der Zug betreten, dann ist die Reise angetreten.

Wird der Reisende aber z. B. bei Beginn des Eincheckens ausgerufen und erfährt er von einer schweren Erkrankung eines Angehörigen, holt dann seine Koffer wieder ab und storniert, ist die Reise noch nicht angetreten. In solchen Fällen wird vom Abbruch der Reise gesprochen.

Versicherungsrechtliche Fragen

Bei Beginn des Eincheckens kann die Reise noch abgebrochen werden.

Weitere »wichtige Gründe«, die den Abbruch der Reise nach sich ziehen kön-
nen, sind insbesondere der Tod des Versicherten oder einer anderen Person, die
nahe steht.
Ein wichtiger Grund ist selbstverständlich auch ein schwerer Unfall.
Schwer bedeutet hier, dass die Unfallfolgen so gravierend sein müssen, dass
die Reise unmöglich durchgeführt werden kann oder dass es unzumutbar ist,
die Reise planmäßig auszuführen.
Der Verdacht auf eine schwere Erkrankung reicht dagegen nicht aus.
Erkrankungen dürfen »auch nicht vorhersehbar sein«.
Es ist also durchaus denkbar, dass bei einer mitversicherten Person eine Er-
krankung vorliegt, die aber völlig beherrschbar erschien, die sich dann aber
zum Bösen entwickelt.
Ebenfalls sind Eigentumsschädigungen durch Elementarereignisse (Hochwas-
ser, Erdbeben, Feuer, etc.) wichtige Gründe.
Der eingetretene Schaden muss allerdings erheblich sein.
Alle diese Schäden müssen den Versicherungsnehmer oder eine im Versiche-
rungsvertrag genannte Person betreffen.
Eine wesentliche Verpflichtung des Versicherungsnehmers ist es, den Schadensfall

unverzüglich dem Versicherer mitzuteilen und gleichzeitig die Reise zu stornieren. Wichtig ist es zu wissen, dass es gerade im Bereich der Reiserücktrittskostenversicherung neben den Allgemeinen Versicherungsbedingungen nicht unerhebliche Sonderklauseln gibt, die teils gegen Geld, teils kostenlos mit abgeschlossen werden können.

3. Fallbeispiel

Frage: Über Ostern buchten wird eine pauschale Tauchreise nach Ägypten. Beinhaltet war auch eine Reiserücktrittskostenversicherung. Kurz vor Beginn der Reise besuchte meine Frau noch einmal den Hausarzt. Dieser stellte eine fiebrige Erkältung fest und empfahl deshalb, die geplante Tauchreise nicht anzutreten, weil Flug- und Tauchprobleme mit den Ohren und Atemwegen entstehen könnten. Ein entsprechendes ärztliches Attest übergab ich dem Reiseveranstalter mit dem Hinweis, die Reise könne aus medizinischer Sicht nicht angetreten werden. Als ich dann später den Reisepreis zurückforderte, wies die Reiserücktrittskostenversicherung darauf hin, es läge kein Versicherungsfall vor. Das verstehe ich nicht.

Antwort: Das Problem, welches sich stellt, ist Folgendes:
Der Arzt empfahl Ihnen, wegen der fiebrigen Erkältung nicht zureisen.
Eine reine ärztliche Empfehlung, die Reise nicht durchzuführen, reicht aber nicht aus, weil gemäß den Versicherungsbedingungen ein »wichtiger Grund« vorliegen muss.
Ein wichtiger Grund kann von einem Arzt nur so dokumentiert werden, als dass er attestiert, keine Genehmigung für den Antritt der Reise zu erteilen.
Alternativ muss bescheinigt werden, dass aus medizinischer Sicht der Reiseantritt nicht möglich ist. Der Arzt muss somit den »Befehl« erteilen, nicht zu reisen.
Wenn dies nachgewiesen werden kann, ist ein »wichtiger Grund« gegeben und die Versicherung muss die Reisekosten zurückbezahlen.
Achten Sie in Zukunft aber bitte auch darauf, dass nicht nur der Schadensfall der Versicherung angezeigt werden muss. Zusätzlich muss auch noch die Reise selbst storniert werden.

IV. Kranken- und Berufsunfähigkeitsversicherung

1. Die gesetzliche und private Krankenversicherung

Bei der Krankenversicherung muss unterschieden werden zwischen der gesetzlichen und der privaten.

Aufgrund einer Entscheidung des Sozialgerichts Essen aus dem Jahre 2001 sind die gesetzlichen Krankenkassen nicht mehr verpflichtet, die Kosten für eine Druckkammerbehandlung zu übernehmen. Erstattet wird gewöhnlich nur die stationäre Erstbehandlung in einer Druckkammer bei der Erstversorgung nach einem Tauchunfall. Voraussetzung ist allerdings, dass der behandelnde Arzt diese Maßnahme als medizinisch notwendig erachtet. Kosten für Folgebehandlungen, z. B. im Rahmen einer hyperbaren Sauerstofftherapie, werden nicht bezahlt.

Auch müssen Sie wissen, dass gesetzliche Krankenversicherungen die Kosten für Behandlungen in Ländern, mit denen ein Sozialversicherungsabkommen besteht, nur anteilig ersetzen.

Die Rückflugkosten fallen nicht unter den Versicherungsschutz der gesetzlichen Krankenversicherungen.

Sie sollten daher eine private Auslandsreise-Krankenversicherung abschließen, um nicht Gefahr zu laufen, eigenes Geld in beträchtlicher Höhe investieren zu müssen.

Aber auch bei den privaten Krankenversicherungen sollten Sie sich darüber informieren, welche Kostenübernahme exakt versichert ist und wie es mit der Deckung im Ausland aussieht.

2. Die Berufsunfähigkeitsversicherung

Für uns Sporttaucher ist es auch nicht unwichtig, unsere Arbeitsfähigkeit abzusichern, was durch eine Berufsunfähigkeitsversicherung geschehen kann.

Hier müssen Sie sich bei dem Berufsunfähigkeitsversicherer genau informieren, ob das Risiko »Tauchen« versichert ist. Oft ist dies nicht der Fall, manchmal nur gegen Aufschläge und nicht selten werden Erfahrungszuschläge angesetzt, die mit dem Stand der Ausbildung und der Anzahl der absolvierten Tauchgänge in Zusammenhang stehen.

V. Die private Unfallversicherung

Die Unfallversicherung ist eine Personenversicherung, die den Versicherungsnehmer – oder einen bezugsberechtigten Dritten – insbesondere vor den wirtschaftlichen Folgen einer durch Unfall eingetretenen körperlichen Invalidität schützen soll.

1. Allgemeine Informationen

Wichtig ist hier, dass bei Abschluss des Versicherungsvertrages auf die Ausübung des Tauchsports hingewiesen wird, weil es sich um eine gefahrerhöhende Aktivität handelt und das Verschweigen eine Obliegenheitsverletzung darstellen könnte, welche den Versicherer berechtigen würde, das Vertragsverhältnis fristlos zu kündigen.

2. Die Leistungsarten

Bei der privaten Unfallversicherung werden grundsätzlich Invaliditäts- und Todesfallleistungen erbracht.
Invalidität ist die dauernde Beeinträchtigung der körperlichen oder geistigen Leistungsfähigkeit.
Eine solche ist gegeben, wenn davon auszugehen ist, dass die Beeinträchtigung länger als drei Jahre (vom Unfalltag gerechnet) andauern wird, ohne dass ihr Ende mit Sicherheit abzusehen ist.
Die Bewertung der Unfallfolgen erfolgt in der Regel nach der sog. Gliedertaxe.
Voraussetzung für die Auskehrung von Todesfallleistungen ist, dass der Unfall binnen Jahresfrist zum Tod führt.
Streitig ist, ob sich der Versicherer auf die Nichteinhaltung dieser Frist berufen kann, wenn der Tod zwar erst nach Fristablauf eingetreten ist, jedoch bereits vor Fristablauf feststand, dass der unfallbedingte Tod mit Sicherheit eintreten werde.
Schließlich können Tagegeld und Krankenhaustagegeld vereinbart werden.

3. Der Begriff des Unfalls

Ein Unfall und damit der die Ansprüche auslösende Versicherungsfall liegt vor, wenn der Versicherte durch ein plötzlich von außen auf seinen Körper einwirkendes Ereignis (Unfallereignis) unfreiwillig eine Gesundheitsschädigung erleidet.

Wo mögen die Beschwerden ihre Ursache haben

Lange war streitig, ob z. B. Kreislaufzusammenbrüche mit Herzrhythmusstörungen bzw. Dekounfälle versicherungsrechtlich als Unfälle einzuordnen waren.

Dies ist zwischenzeitlich geklärt. Nähere Einzelheiten werden in den sich anschließenden Fallbeispielen geschildert.

4. Fallbeispiele

Frage: Bei mir treten gelegentlich Herzrhythmusstörungen auf, die bedingt sind durch eine latente Vorerkrankung. Trotzdem hat mir mein Arzt Tauchtauglichkeit bescheinigt. Ich mache mir aber Gedanken darüber, ob meine private Unfallversicherung eintrittspflichtig ist, wenn es wegen des beschriebenen Krankheitsbildes zu einem Tauchunfall kommt.

Antwort: Ihre Bedenken sind durchaus berechtigt, weil Sie bei einem Tauchunfall in erhebliche Beweisschwierigkeiten kommen können. Zwar liegt ein Tauchunfall im versicherungsrechtlichen Sinne vor, wenn ein Taucher durch ein von außen auf den Körper einwirkendes Ereignis Schaden erleidet.

Dies ist z. B. der Fall, wenn es beim Tauchen infolge Sauerstoffmangels zu Herzrhythmusstörungen kommt. Dieser Grundsatz findet aber dann eine Ausnahme, wenn die ernsthafte Möglichkeit in Betracht kommt, dass der Unfall auch durch eine Vorerkrankung ausgelöst worden sein könnte.

Dann würde nämlich kein von außen auf den Körper einwirkendes Ereignis vorliegen. Vielmehr würde der Unfall dann auf einer körpereigenen Reaktion basieren. In diesen Fällen kehrt die Rechtsprechung die Beweislast um.

Sie müssten also beweisen, dass der Tauchunfall nicht auf Ihre Vorerkrankung zurückzuführen ist, sondern auf tauchspezifische Begleitumstände, also auf von außen auf den Körper einwirkende Geschehnisse.

Dies ist nicht immer leicht. Deshalb meine Empfehlung, die private Unfallversicherung auf die Vorerkrankung hinzuweisen. Erfolgen von dort aus keine Widersprüche, besteht Versicherungsschutz.

Frage: Durch zu schnelles Auftauchen erlitt ich die so genannte Caisson-Krankheit.

Da ich davon ausging, dass es sich hierbei um einen Tauchunfall handeln würde, meldete ich meine Ansprüche bei meiner Unfallversicherung an.

Diese lehnte jedoch die Regulierung mit der Begründung ab, die beim Auftauchen aufgetretenen Gesundheitsbeeinträchtigungen seien nicht auf einen Unfall im Sinne des Versicherungsvertrages zurückzuführen.

Ein Unfall würde im versicherungstechnischen Sinn nur vorliegen, wenn der Versicherte durch ein plötzlich von außen auf seinen Körper einwirkendes Ereignis unfreiwillig eine Gesundheitsbeschädigung erleide.

Ist diese Auffassung richtig? Kann ich mit Erfolg gegen die Versicherung vorgehen?

Antwort: Ja! Plötzlich ist nämlich ein Ereignis, wenn es sich um ein zeitlich begrenztes Ereignis handelt, was aber nicht heißt, dass es sich in Sekundenschnelle abspielen muss

Als relativ kurz – und damit als plötzlich – hat die Rechtsprechung noch einen Zeitraum von 15 bis 20 Minuten angesehen. Auch Vorgänge von zwei Stunden Dauer sind noch als »plötzliche« Einwirkung angesehen worden. Unerheblich ist, ob der Versicherte das auf ihn einwirkende Ereignis bei Anwendung der verkehrserforderlichen Sorgfalt hätte vorhersehen können oder müssen.

Damit ist Ihre Gesundheitsbeschädigung auch plötzlich eingetreten.

Ebenfalls lag ein von außen auf Ihren Körper einwirkendes Ereignis vor, weil die Rechtsprechung davon ausgeht, dass hierunter alle Gesundheitsschäden fallen, die durch zu schnelles Auf- und Abtauchen, durch Veränderung der Druckverhältnisse oder der Sauerstoff-Stickstoff-Konzentration entstehen (vgl. OLG Köln, Urteil vom 30.11.1989). Damit liegen dann auch die Voraussetzungen für einen Unfall im versicherungstechnischen Sinn vor, so dass Ihre Unfallversicherung eintrittspflichtig ist.

VI. Die Allgemeine Haftpflichtversicherung

Aufgabe der Haftpflichtversicherung ist es, den Versicherungsnehmer und die im Versicherungsvertrag mitversicherten Personen vor den wirtschaftlichen Folgen ihrer Haftpflicht gegenüber geschädigten Dritten zu schützen.

Unter Haftpflicht ist die Verpflichtung zum Schadensersatz bei der Verletzung fremder Rechtsgüter zu verstehen.

Die Haftpflicht kann sowohl auf Gesetz (z. B. §§ 823 ff. BGB) als auch auf Vertrag beruhen.

Besonderheiten im Hinblick auf den Tauchsport bestehen nicht.

Nachfolgend zwei Fallbeispiele:

Frage: Ein Skipper hat mich gebeten, eine Boje für sein Segelboot unter Wasser mit einer Kette an einem Betonblock zu befestigen. Hafte ich, wenn sich das Boot losreißt und beschädigt wird bzw., wenn ein sonstiger Schaden entsteht?

Die Zahlung eines Lohnes wurde nicht vereinbart. Ich bin aktives Mitglied eines Tauchclubs, der versichert ist.

Antwort: Durch die Annahme des Auftrages verpflichten Sie sich, das Ihnen übertragene Geschäft für den Skipper unentgeltlich zu besorgen. Wird der Auftrag von Ihnen schlecht ausgeführt, haften Sie für Vorsatz und Fahrlässigkeit, das heißt für die hierdurch entstehenden Schäden.

Falls Sie sich entschließen sollten, die Kette an den Betonblock zu befestigen, sollten Sie mit dem Auftraggeber einen Haftungsausschluss vereinbaren, damit es bei möglichen Schäden keine Nachteile für Sie gibt. Die Versicherung Ihres Tauchclubs wird wohl bei Schäden nicht eintrittspflichtig sein, zumal Sie ja keinen Auftrag für den Verein erledigen.

Da kann man nur hoffen, dass der Taucher haftpflichtversichert ist.

Frage: Wir sind ein eingetragener Tauchverein und haben von der Stadtverwaltung ein Hallenbad angemietet für unser Training. Für die Mitglieder des Vereins ist die Benutzung des Hallenbades kostenlos.

Interessierte Nichtmitglieder können am Vereinstraining gegen einen kleinen Kostenbeitrag teilnehmen.

Während der Trainingszeiten ist kein Bademeister anwesend. Die Vereinsmitglieder öffnen und schließen das Bad selbst. Der Tauchverein ist in Besitz einer Haftpflichtversicherung.

Nun meine konkrete Frage: Wer haftet, wenn es zu einem hoffentlich nie auftretenden Unfall kommt? Der Verein bzw. seine Vorstandsmitglieder? Die Haftpflichtversicherung des Vereins?

Antwort: Die sicherlich sehr interessante Frage kann leider nicht eindeutig beantwortet werden, weil die möglichen Sachverhalte sehr unterschiedlich sein können.

Zunächst einmal müsste geklärt werden, wie der Benutzungsvertrag zwischen der Stadtverwaltung und dem Tauchverein ausgestaltet ist. Hier wird geregelt sein, wer für den Ablauf der Trainingseinheiten verantwortlich ist, und wer die Aufsicht während der Übungszeiten führt.

Muss sich der Verein selbst um die Organisation des Tauchtrainings und um die Aufsicht kümmern, wird wohl diejenige Person haften, die während des Trainings die Aufsicht führt. Kann man dem Verein bei der Auswahl des Übungsleiters bzw. bei der Organisation der Trainingszeiten ein Verschulden nachweisen, haften sicher auch die Vorstandsmitglieder. Für eventuelle Schäden der Vereinsmitglieder ist dann wohl auch eintrittspflichtig die Haftpflichtversicherung des Tauchvereins.

Inwieweit Nichtmitglieder unter den Versicherungsschutz fallen, hängt von den vereinbarten Versicherungsbedingungen ab.

Kommt es aufgrund von Missständen des Schwimmbades selbst zu einem Unfall, ist die Stadtverwaltung der richtige Ansprechpartner.

Tauchen in deutschen Seen

I. Allgemeines

Nicht selten habe ich Gespräche von Tauchern mitbekommen, in denen es um die Frage ging, ob in einem bestimmten See oder einer bestimmten Talsperre getaucht werden dürfe.

Meistens endeten diese Diskussionen mit der Feststellung, wenn andere Taucher in das Gewässer gehen würden, dann dürfe man dies schließlich auch.

Mit der Frage, wo in deutschen Seen und Talsperren getaucht werden darf, beschäftigt sich dieser Abschnitt.

Es muss zunächst unterschieden werden zwischen den »öffentlichen« Gewässern und den »privaten« Seen.

Auch in deutschen Seen herrschen, je nach Jahreszeit und Untergrund, akzeptable Sichtweiten.

II. Die öffentlichen Gewässer

Gemäß § 23 Wasserhaushaltsgesetz des Bundes (WHG) darf »jedermann oberirdische Gewässer in einem Umfang nutzen, wie dies nach dem Landesrecht als Gemeingebrauch gestattet ist«!
Der Gemeingebrauch wird also von den Wassergesetzen der einzelnen Bundesländer geregelt.
Es besteht grundsätzlich die »Erlaubnis mit Verbotsvorbehalt« zum Tauchen in deutschen Seen.

Welcher Taucher verspürt hier nicht die Lust, einen schönen »Dämmerungstauchgang« zu machen?

Dies bedeutet, dass grundsätzlich in unseren Seen getaucht werden darf, es sei denn, es würde ein Verbot bestehen.
Ausnahmen davon bilden insbesondere die Talsperren, die vom Gemeingebrauch ausgenommen sind. Bei ihnen kann man sprechen von einem »Verbot mit Erlaubnisvorbehalt« bezüglich des Tauchens.
Hier gilt also der Grundsatz des Tauchverbotes, es sei denn, ausnahmsweise ist das Tauchen erlaubt.
Bei den Talsperren können die zuständigen Behörden den Umfang des Ge-

meingebrauchs in Rechtsverordnungen regeln, wozu sie z. B. in § 33 Abs. 3 LWG NW vom Gesetzgeber ermächtigt worden sind.

Nachfolgend werden die jeweiligen Paragraphen der Landeswassergesetze genannt, in denen der »Gemeingebrauch« geregelt ist:

§ 33	Wassergesetz für das Land Nordrhein-Westfalen (LWG)
§ 26,28	Wassergesetz für das Land Baden-Württemberg (WG)
§ 73	Niedersächsisches Wassergesetz (NWG)
§ 34	Sächsisches Wassergesetz (SächsWG)
§ 32	Hessisches Wassergesetz (HWG)
§ 43	Brandenburgisches Wassergesetz (BbgWG)
§ 37	Thüringisches Wassergesetz (ThürWG)
§ 14	Wassergesetz für das Land Schleswig-Holstein (Schle-HolWG)
§ 36	Wassergesetz für das Land Rheinland-Pfalz (LWG)
§ 21	Wassergesetz für das Land Mecklenburg-Vorpommern (LwaG)
§ 22, 23	Saarländisches Wassergesetz (SWG)
Art. 21,22	Bayrisches Wassergesetz (BayWG)

In den §§ 9 Hamburgisches Wassergesetz (HwaG), 25 Berliner Wassergesetz (BWG), 71 Bremer Wassergesetz (BRWG) und 75 Wassergesetz für das Land Sachsen-Anhalt (WGLSA) finden sich (fast) identische Regelungen bezüglich des »Gemeingebrauchs von Gewässern«.

Festzuhalten ist somit bei den öffentlichen Seen, dass diese vom Grundsatz her betaucht werden dürfen, wohingegen dies für Talsperren nicht gilt.

In jedem Fall ist es empfehlenswert, sich vor einem Tauchgang in unbekannten Gewässern bei der zuständigen Behörde zu vergewissern, welche konkrete Regel gilt.

III. Die privaten Gewässer

Stehen Gewässer in Privatbesitz, kann der jeweilige Eigentümer bestimmen, ob er das Sporttauchen akzeptiert oder aber nicht. Auch hier wäre im konkreten Einzelfall beim Eigentümer nachzufragen.

IV. Gemeinsames für öffentliche und private Gewässer

Ist das Tauchen in öffentlichen oder privaten Seen bzw. Talsperren erlaubt, kann dies von der Zahlung eines Entgeltes abhängig gemacht werden.

Sollte Tauchen in diesen Gewässern verboten sein und wird dieses Verbot übergangen, so verhält sich der Sporttaucher ordnungswidrig, was im Einzelfall mit einem Ordnungsgeld (bei öffentlichen Gewässern) oder mit einem Hausverbot (bei privaten Gewässern) geahndet werden kann.

Steinkreuz zum Gedenken an einen verunglückten Taucher im Samaranger-See. Dies ist wohl eines der meist fotografierten Objekte in privaten Seen.

V. Ein Fallbeispiel

Frage: Wenn an einem See ein behördliches Schild mit der Aufschrift »Tauchen verboten« steht, was bedeutet das?
Ich möchte gern wissen, ab wann das Tauchverbot greift und bis wann es noch »Baden mit Taucherbrille« ist.

Antwort: Als Tauchen bezeichnet man im Allgemeinen das Eindringen eines Körpers in eine Flüssigkeit. Häufig ist damit das Tauchen von Menschen unter Wasser gemeint.

Im Gegensatz zum Schwimmen und Schnorcheln ist beim Tauchen der gesamte Körper unter der Wasseroberfläche.

Wenn also das Tauchen verboten ist, darf man weder mit Ausrüstung noch ohne die Wasseroberfläche nach unten hin verlassen. Schnorcheln ist erlaubt, solange nicht der gesamte Körper unter Wasser ist. Dies wird man sicherlich aber auch anders sehen können!

Tauchlehrerin Sonja im Blausteinsee. Ein See bei Eschweiler, in dem das Tauchen gegen Zahlung einer Gebühr von der Gemeinde erlaubt ist.

Kapitel I

Rechtliche Fragen
um das Tauchen selbst

I. Allgemeine Rechtsgrundsätze zum Verhalten beim Sporttauchen

In der deutschen Rechtsordnung gibt es keine besonderen geschriebenen Rechtsnormen, die das Verhalten von Tauchern bei der Ausübung ihrer Sportart regeln.

Somit sind die allgemeinen Rechtsgrundsätze anzuwenden für die Frage, ob und wie ein Taucher für sein Verhalten haftet.

Grundsätzlich sollten sich Sporttaucher in ständiger Vorsicht und gegenseitiger Rücksichtnahme so verhalten, dass kein anderer geschädigt, gefährdet oder mehr als nach den Umständen unvermeidbar behindert oder belästigt wird!

Sporttaucher sollten dafür sorgen, dass sie die spezifischen Gefahren ihrer Sportart unter ihrer Kontrolle haben.

Hierbei kommt es insbesondere darauf an, in welchem Maße Sporttaucher in der Lage sind, diese Gefahren im Rahmen ihres »sportlichen Könnens« (Ausbildungsstandes) mit Sicherheit zu vermeiden.

Der Sporttaucher muss alle Risiken berücksichtigen, die nicht außerhalb des Tauchsports liegen.

Wer taucht, ohne sich über diese Risiken zu informieren, verletzt schon dadurch seine Sorgfaltspflicht!

II. Konkrete Rechtsgrundsätze zum Verhalten beim Sporttauchen

In nun doch schon einigen Entscheidungen diverser Gerichte sind unter anderem Tauchlehrer und fortgeschrittene Sporttaucher nicht selten wegen vorsätzlicher oder fahrlässiger Verletzung von Vorschriften gegen die sog. körperliche Unversehrtheit verurteilt worden, wenn sie mit Tauchschülern oder weniger gut brevetierten Tauchern »unterwegs« waren.

Wesentlicher Gesichtspunkt war in derartigen Fällen immer die Verletzung der »Garantenstellung«. Deshalb soll dieser juristische Begriff an dieser Stelle einmal näher erörtert werden:

Wenn ein Buddyteam oder mehrere Sporttaucher einen Tauchgang durchführen, so begründen sie juristisch eine sog. »Gefahrengemeinschaft«.

Diese soll nach der zweckgerichteten Art ihrer Entstehung und des durch sie begründeten Vertrauensverhältnisses gewährleisten, dass die typischen mit dem Sporttauchen einhergehenden Gefahrenlagen gemeistert werden können.

Dies bedeutet, dass die Mitglieder einer Tauchgruppe, die sich gemeinsam in erhöhte Gefahr begeben, durch das Gesetz den anderen Mitgliedern zur Hilfeleistung besonders verpflichtet sind.

Denn in der für Menschen lebensfremden Unterwasserwelt muss sich der Taucher auf seinen Partner verlassen können. Das ist gleichbedeutend damit, dass jeder Sporttaucher Garant für die Gesundheit und das Leben seiner Mittaucher ist.

Bei einem Fehlverhalten können ihn viel schwerere Strafen treffen, als zum Beispiel bei einer unterlassenen Hilfeleistung an Land.

Der Buddycheck vor jedem Tauchgang ist Pflicht.

All dies gilt umso mehr, wenn zum Beispiel ein Tauchlehrer mit Tauchschülern Tauchfertigkeiten durchführt, bzw. ein höher brevetierter Sporttaucher mit einem solchen, der einen untergeordneten Ausbildungsstand hat.

Hierdurch begründet sich dann die Garantenstellung aus einer freiwilligen Pflichtenübernahme.

Grundlage dieser Pflicht ist das Vertrauen, das demjenigen entgegengebracht wird, der ein Rechtsgut freiwillig in seine Obhut nimmt, wie eben der Tauchlehrer oder der Tauchguide.

In derartigen Fällen verstärkt sich zwar die Garantenpflicht selbst nicht. Erhöht wird jedoch die Zumutbarkeit von Rettungshandlungen.

Hier werden zum Beispiel außergewöhnliche Anstrengungen erwartet, die über die Rettungsbemühungen eines normalen Sporttauchers hinausgehen, um Unfälle zu vermeiden bzw. den zu erwartenden Schaden zu mindern.

Die absolute Grenze bei den Rettungshandlungen liegt aber bei der Selbstgefährdung des Retters. Keiner muss sich selbst in Lebensgefahr bringen, um anderen zu helfen.

III. Haftungsrisiken für Tauchlehrer(-innen) und deren Assistenten

1. Mögliche zivilrechtliche Konsequenzen

Kein Tauchlehrer oder sein Assistent werden sich je Gedanken darüber gemacht haben, dass sie möglicherweise für eine nicht ordnungsgemäß durchgeführte Tauchausbildung bei Tauchaspiranten schadenersatzpflichtig werden könnten!

Anfänger- und Fortgeschrittenenkurse werden heute in der Regel kommerziell angeboten.

Konkret zahlt der Tauchschüler für die Leistung eines Tauchlehrers ein Entgelt. Als Gegenleistung verpflichtet sich der Tauchlehrer, dem Tauchschüler die Tauchfertigkeiten zu vermitteln, die den Leistungsanforderungen des entsprechenden Kurses und der jeweiligen Tauchorganisation entsprechen.

Rechtlich ist der Tauchausbildungsvertrag ein Dienstvertrag gemäß den §§ 611 ff. BGB.

Natürlich schuldet der Tauchlehrer nicht den Ausbildungserfolg. Er muss aber bei der Ausbildung die Richtlinien seines Verbandes streng beachten.

Das Ab- und Auftauchen an einem Ankerseil gibt Sicherheit.

Unterschlägt der Tauchlehrer seinem Schüler Teile der Leistungsanforderungen, weil er sich seine Arbeit »leicht« machen will, kann dies Schadensersatzansprüche auslösen.

Beispielhaft sei erwähnt der kontrolliert schwimmende Notaufstieg. Hier muss der Tauchlehrer dem Tauchschüler die Leistungsanforderungen der jeweiligen Tauchorganisation mitteilen und dem Schüler die Übung im Detail vormachen. Unterschlägt er vorgegebene Übungsmerkmale und zertifiziert er dann den Schüler, hat er den Tauchausbildungsvertrag nicht ordnungsgemäß erfüllt. Erfährt der Tauchschüler im Nachhinein hiervon, kann dies Schadensersatzansprüche auslösen zum Beispiel in der Form, dass der Tauchschüler das Entgelt für den Tauchkurs vom Tauchlehrer zurückfordern kann. Ähnliche Konstellationen sind in vielfältiger Form denkbar.

Deshalb sind der Tauchlehrer und sein Assistent gut beraten, wenn sie sich in jedem Fall an die vorgegebenen Leistungsanforderungen und Empfehlungen der Tauchorganisation halten, welcher sie angehören. Gegebenenfalls sollte man sich vom Tauchschüler schriftlich bestätigen lassen, dass die entsprechenden Übungen eines Kurses gemäß den jeweiligen Leistungsanforderungen durchgeführt worden sind.

Die obigen Ausführungen gelten natürlich sinngemäß auch dann, wenn der Tauchausbildungsvertrag nicht unmittelbar zwischen dem Tauchlehrer und dem Tauchschüler zustande gekommen ist, sondern zwischen einem Tauchfachgeschäft, einer Tauchbasis bzw. Ausbildungscenter etc. und dem Tauchschüler.

2. Mögliche strafrechtliche Konsequenzen

Wir bleiben bei dem zuvor genannten Beispiel des kontrolliert schwimmenden Notaufstieges.

Der Tauchlehrer unterließ es hier, seinen Schüler mit Nachdruck darauf hinzuweisen, dass er während des Notaufstieges einen kontinuierlichen »A-a-a-h«-Laut erzeugen muss, um der Luft in seiner Lunge Gelegenheit zu geben, zu entweichen. Im praktischen Fall erlitt der Schüler wegen dieses Versäumnisses einen Lungenriss, in dessen Verlauf er verstarb. Die sich anschließenden staatsanwaltschaftlichen Ermittlungen bestätigten dann den bei der Ausbildung gemachten Fehler des Tauchlehrers.

Gegen ihn leitete die Staatsanwaltschaft dann ein Verfahren ein wegen fahrlässiger Tötung (§ 222 StGB) bzw. wegen Körperverletzung mit Todesfolge (§ 227 StGB).

Ob der Tauchlehrer strafrechtlich zur Verantwortung gezogen werden kann,

Auf den 5-Punkte-Abstieg sollte keinesfalls verzichtet werden.

hängt davon ab, ob er bei der Ausbildung die sog. »im Verkehr erforderliche Sorgfalt« beachtet hat, die er nach seinen persönlichen Fähigkeiten hätte walten lassen müssen.

Die Staatsanwaltschaft ermittelte, dass der Tauchlehrer einer Tauchorganisation angehörte, welche die Leistungsanforderungen der einzelnen Tauchfertigkeiten im Detail vorgibt. Hierzu gehört natürlich die Vorgabe, dass beim Notaufstieg ein kontinuierlicher »A-a-a-h«-Laut zu erzeugen ist, damit die in der Lunge des Tauchers befindliche Luft, die sich beim Aufstieg ausweitet, entweichen kann. Die Pflichtwidrigkeit, hierüber nicht aufgeklärt zu haben, führte zum Tode des Tauchers, was sich der Tauchlehrer damit strafrechtlich zurechnen lassen muss. Hätte er gemäß den Standards seiner Organisation ausgebildet, hätte der tödlich Verunglückte diese grundlegende Kenntnis gehabt und beim Aufstieg ausgeatmet.

IV. Fallbeispiele

Frage: Dürfen in Rettungsmaßnahmen ausgebildete Sporttaucher, etwa solche mit einem PADI-Rescue- oder SSI-Stress-Rescue-Brevet, die bei einem Tauchunfall vor Ort sind, helfen?

Falls ja, besteht Versicherungsschutz?
Hintergrund meiner Frage ist, dass ich in einem solchen Fall schon einmal von der Polizei weggeschickt wurde, obwohl die alarmierten DLRG-Rettungstaucher noch nicht am Unglücksort eingetroffen waren.

Antwort: Meiner Meinung nach besteht sogar eine Pflicht zu helfen, weil Ihnen sonst der Vorwurf der unterlassenen Hilfeleistung gemacht werden könnte.
Die Grenze bei der Zumutbarkeit liegt bei der Selbstgefährdung. Dass Ihnen von der Polizei die Hilfe untersagt wurde, kann ich nicht verstehen, wenn Sie sich als ausgebildeter Helfer zu erkennen gegeben haben.
Ein Krankenversicherungsschutz besteht automatisch. Vom Prinzip her ist auch eine Unfallversicherung eintrittspflichtig, wenn ein Unfall im versicherungsrechtlichen Sinn vorliegt.

Frage: Ich arbeite als Tauchlehrerin in einer Tauchschule, die aus »Profitgründen« damit wirbt, dass eine ärztliche Bescheinigung erst vor Beginn der Freiwassertauchgänge vorzulegen ist. Wer haftet, wenn es bei den Pool-Tauchgängen zu einem Unfall kommt, der darauf zurückzuführen ist, dass der Tauchschüler aus medizinischer Sicht nicht hätte am Kurs teilnehmen dürfen?

Antwort: Es dürfte sich von selbst verstehen, dass alle Tauchschüler vor Beginn eines Tauchkurses nachweisen müssen, dass die medizinischen Voraussetzungen für eine Teilnahme vorliegen. Verzichtet der Tauchschulbesitzer aus Profitgründen hierauf, so stellt dies einen groben Verstoß gegen die Standards der jeweiligen Tauchorganisation dar, der dort auch angezeigt werden sollte. Ob der Tauchschulbesitzer bzw. Sie als Tauchlehrerin bei Unfällen haften, hängt von der »Kenntnis« des Tauchschülers ab. Weiß er, dass er die ärztliche Untersuchung eigentlich zu Beginn des Kurses hätte vorlegen müssen, so ist er bewusst ein Risiko eingegangen, das er wohl nicht auf andere abwälzen kann. Kommt es aus gesundheitlichen Gründen bei Pool-Lektionen zu Schäden, trifft ihn ein ganz erhebliches Mitverschulden. Wurde er über die Tatsache des Nachweises der gesundheitlichen Voraussetzungen vor Kursbeginn arglistig getäuscht, sind Sie und der Tauchschulbesitzer Schadenersatzansprüchen ausgesetzt, wobei der Schüler sogar Rückerstattung der Kursgebühr verlangen kann.

Kümmert sich nicht um rechtliche Dinge: Drückerfisch vor El Hierro

Anhang

I. Auszug aus dem Bürgerlichen Gesetzbuch (BGB)

§ 13 Verbraucher

Verbraucher ist jede natürliche Person, die ein Rechtsgeschäft zu einem Zwecke abschließt, der weder ihrer gewerblichen noch ihrer selbstständigen beruflichen Tätigkeit zugerechnet werden kann.

§ 14 Unternehmer

(1) Unternehmer ist eine natürliche oder juristische Person oder eine rechtsfähige Personengesellschaft, die bei Abschluss eines Rechtsgeschäfts in Ausübung ihrer gewerblichen oder selbstständigen beruflichen Tätigkeit handelt.

(2) Eine rechtsfähige Personengesellschaft ist eine Personengesellschaft, die mit der Fähigkeit ausgestattet ist, Rechte zu erwerben und Verbindlichkeiten einzugehen.

§ 104 Geschäftsunfähigkeit

Geschäftsunfähig ist:

1. wer nicht das siebente Lebensjahr vollendet hat,

2. wer sich in einem die freie Willensbestimmung ausschließenden Zustand krankhafter Störung der Geistestätigkeit befindet, sofern nicht der Zustand seiner Natur nach ein vorübergehender ist.

§ 105 Nichtigkeit der Willenserklärung

(1) Die Willenserklärung eines Geschäftsunfähigen ist nichtig.

(2) Nichtig ist auch eine Willenserklärung, die im Zustand der Bewusstlosigkeit oder vorübergehender Störung der Geistestätigkeit abgegeben wird.

§ 106 Beschränkte Geschäftsfähigkeit Minderjähriger

Ein Minderjähriger, der das siebente Lebensjahr vollendet hat, ist nach Maßgabe der §§ 107 bis 113 in der Geschäftsfähigkeit beschränkt.

§ 107 Einwilligung des gesetzlichen Vertreters

Der Minderjährige bedarf zu einer Willenserklärung, durch die er nicht lediglich einen rechtlichen Vorteil erlangt, der Einwilligung seines gesetzlichen Vertreters.

§ 108 Vertragsschluss ohne Einwilligung

(1) Schließt der Minderjährige einen Vertrag ohne die erforderliche Einwilligung des gesetzlichen Vertreters, so hängt die Wirksamkeit des Vertrags von der Genehmigung des Vertreters ab.

(2) Fordert der andere Teil den Vertreter zur Erklärung über die Genehmigung auf, so kann die Erklärung nur ihm gegenüber erfolgen; eine vor der Aufforderung dem Minderjährigen gegenüber erklärte Genehmigung oder Verweigerung der Genehmigung wird unwirksam. Die Genehmigung kann nur bis zum Ablauf von zwei Wochen nach dem Empfang der Aufforderung erklärt werden; wird sie nicht erklärt, so gilt sie als verweigert.

(3) Ist der Minderjährige unbeschränkt geschäftsfähig geworden, so tritt seine Genehmigung an die Stelle der Genehmigung des Vertreters.

§ 109 Widerrufsrecht des anderen Teils

(1) Bis zur Genehmigung des Vertrags ist der andere Teil zum Widerruf berechtigt. Der Widerruf kann auch dem Minderjährigen gegenüber erklärt werden.

(2) Hat der andere Teil die Minderjährigkeit gekannt, so kann er nur widerrufen, wenn der Minderjährige der Wahrheit zuwider die Einwilligung des Vertreters behauptet hat; er kann auch in diesem Falle nicht widerrufen, wenn ihm das Fehlen der Einwilligung bei dem Abschluss des Vertrags bekannt war.

§ 119 Anfechtbarkeit wegen Irrtums

(1) Wer bei der Abgabe einer Willenserklärung über deren Inhalt im Irrtum war oder eine Erklärung dieses Inhalts überhaupt nicht abgeben wollte, kann die Erklärung anfechten, wenn anzunehmen ist, dass er sie bei Kenntnis der Sachlage und bei verständiger Würdigung des Falles nicht abgegeben haben würde.

(2) Als Irrtum über den Inhalt der Erklärung gilt auch der Irrtum über solche Eigenschaften der Person oder der Sache, die im Verkehr als wesentlich angesehen werden.

§ 120 Anfechtbarkeit wegen falscher Übermittlung

Eine Willenserklärung, welche durch die zur Übermittlung verwendete Person oder Einrichtung unrichtig übermittelt worden ist, kann unter der gleichen Voraussetzung angefochten werden, wie nach § 119 eine irrtümlich abgegebene Willenserklärung.

§ 121 Anfechtungsfrist

(1) Die Anfechtung muss in den Fällen der §§ 119, 120 ohne schuldhaftes Zögern (unverzüglich) erfolgen, nachdem der Anfechtungsberechtigte von dem Anfechtungsgrund Kenntnis erlangt hat. Die einem Anwesenden gegenüber erfolgte Anfechtung gilt als rechtzeitig erfolgt, wenn die Anfechtungserklärung unverzüglich abgesendet worden ist.

(2) Die Anfechtung ist ausgeschlossen, wenn seit der Abgabe der Willenserklärung zehn Jahre verstrichen sind.

§ 123 Anfechtbarkeit wegen Täuschung oder Drohung

(1) Wer zur Abgabe einer Willenserklärung durch arglistige Täuschung oder widerrechtlich durch Drohung bestimmt worden ist, kann die Erklärung anfechten.

(2) Hat ein Dritter die Täuschung verübt, so ist eine Erklärung, die einem anderen gegenüber abzugeben war, nur dann anfechtbar, wenn dieser die Täuschung kannte oder kennen musste. Soweit ein anderer als derjenige, welchem gegenüber die Erklärung abzugeben war, aus der Erklärung unmittelbar ein Recht erworben hat, ist die Erklärung ihm gegenüber anfechtbar, wenn er die Täuschung kannte oder kennen musste.

§ 124 Anfechtungsfrist

(1) Die Anfechtung einer nach § 123 anfechtbaren Willenserklärung kann nur binnen Jahresfrist erfolgen.

(2) Die Frist beginnt im Falle der arglistigen Täuschung mit dem Zeitpunkt, in welchem der Anfechtungsberechtigte die Täuschung entdeckt, im Falle der Drohung mit dem Zeitpunkt, in welchem die Zwangslage aufhört. Auf den Lauf der Frist finden die für die Verjährung geltenden Vorschriften der §§ 206, 210 und 211 entsprechende Anwendung.

(3) Die Anfechtung ist ausgeschlossen, wenn seit der Abgabe der Willenserklärung zehn Jahre verstrichen sind.

§ 125 Nichtigkeit wegen Formmangels

Ein Rechtsgeschäft, welches der durch Gesetz vorgeschriebenen Form ermangelt, ist nichtig. Der Mangel der durch Rechtsgeschäft bestimmten Form hat im Zweifel gleichfalls Nichtigkeit zur Folge.

§126 Schriftform

(1) Ist durch Gesetz schriftliche Form vorgeschrieben, so muss die Urkunde von dem Aussteller eigenhändig durch Namensunterschrift oder mittels notariell beglaubigten Handzeichens unterzeichnet werden.

(2) Bei einem Vertrag muss die Unterzeichnung der Parteien auf derselben Urkunde erfolgen. Werden über den Vertrag mehrere gleichlautende Urkunden aufgenommen, so genügt es, wenn jede Partei die für die andere Partei bestimmte Urkunde unterzeichnet.

(3) Die schriftliche Form kann durch die elektronische Form ersetzt werden, wenn sich nicht aus dem Gesetz ein anderes ergibt.

(4) Die schriftliche Form wird durch die notarielle Beurkundung ersetzt.

§ 130 Wirksamwerden der Willenserklärung gegenüber Abwesenden

(1) Eine Willenserklärung, die einem anderen gegenüber abzugeben ist, wird, wenn sie in dessen Abwesenheit abgegeben wird, in dem Zeitpunkt wirksam, in welchem sie ihm zugeht. Sie wird nicht wirksam, wenn dem anderen vorher oder gleichzeitig ein Widerruf zugeht.

(2) Auf die Wirksamkeit der Willenserklärung ist es ohne Einfluss, wenn der Erklärende nach der Abgabe stirbt oder geschäftsunfähig wird.

(3) Diese Vorschriften finden auch dann Anwendung, wenn die Willenserklärung einer Behörde gegenüber abzugeben ist.

§ 144 Bestätigung des anfechtbaren Rechtsgeschäfts

(1) Die Anfechtung ist ausgeschlossen, wenn das anfechtbare Rechtsgeschäft von dem Anfechtungsberechtigten bestätigt wird.

(2) Die Bestätigung bedarf nicht der für das Rechtsgeschäft bestimmten Form.

§ 145 Bindung an den Antrag
Wer einem anderen die Schließung eines Vertrags anträgt, ist an den Antrag gebunden, es sei denn, dass er die Gebundenheit ausgeschlossen hat.

§ 146 Erlöschen des Antrags
Der Antrag erlischt, wenn er dem Antragenden gegenüber abgelehnt oder wenn er nicht diesem gegenüber nach den §§ 147 bis 149 rechtzeitig angenommen wird.

§ 147 Annahmefrist
(1) Der einem Anwesenden gemachte Antrag kann nur sofort angenommen werden. Dies gilt auch von einem mittels Fernsprechers oder einer sonstigen technischen Einrichtung von Person zu Person gemachten Antrag.

(2) Der einem Abwesenden gemachte Antrag kann nur bis zu dem Zeitpunkt angenommen werden, in welchem der Antragende den Eingang der Antwort unter regelmäßigen Umständen erwarten darf.

§ 148 Bestimmung einer Annahmefrist
Hat der Antragende für die Annahme des Antrags eine Frist bestimmt, so kann die Annahme nur inner halb der Frist erfolgen.

§ 149 Verspätet zugegangene Annahmeerklärung
Ist eine dem Antragenden verspätet zugegangene Annahmeerklärung dergestalt abgesendet worden, dass sie bei regelmäßiger Beförderung ihm rechtzeitig zugegangen sein würde, und musste der Antragende dies erkennen, so hat er die Verspätung dem Annehmenden unverzüglich nach dem Empfang der Erklärung anzuzeigen, sofern es nicht schon vorher geschehen ist. Verzögert er die Absendung der Anzeige, so gilt die Annahme als nicht verspätet.

§ 150 Verspätete und abändernde Annahme
(1) Die verspätete Annahme eines Antrags gilt als neuer Antrag.

(2) Eine Annahme unter Erweiterungen, Einschränkungen oder sonstigen Änderungen gilt als Ablehnung verbunden mit einem neuen Antrag.

§ 156 Vertragsschluss bei Versteigerung
Bei einer Versteigerung kommt der Vertrag erst durch den Zuschlag zustande. Ein Gebot erlischt, wenn ein Übergebot abgegeben oder die Versteigerung ohne Erteilung des Zuschlags geschlossen wird.

§ 195 Regelmäßige Verjährungsfrist
Die regelmäßige Verjährungsfrist beträgt drei Jahre.

§ 226 Schikaneverbot
Die Ausübung eines Rechts ist unzulässig, wenn sie nur den Zweck haben kann, einem anderen Schaden zuzufügen.

§ 227 Notwehr
(1) Eine durch Notwehr gebotene Handlung ist nicht widerrechtlich.

(2) Notwehr ist diejenige Verteidigung, welche erforderlich ist, um einen ge-

genwärtigen rechtswidrigen Angriff sich oder einem anderen gegenüber abzuwenden.

§ 228 Notstand

Wer eine fremde Sache beschädigt oder zerstört, um eine durch sie drohende Gefahr von sich oder einem anderen abzuwenden, handelt nicht widerrechtlich, wenn die Beschädigung oder die Zerstörung zur Abwendung der Gefahr erforderlich ist und der Schaden nicht außer Verhältnis zu der Gefahr steht. Hat der Handelnde die Gefahr verschuldet, so ist er zum Schadensersatz verpflichtet.

§ 229 Selbsthilfe

Wer zum Zwecke der Selbsthilfe eine Sache wegnimmt, zerstört oder beschädigt oder wer zum Zwecke der Selbsthilfe einen Verpflichteten, welcher der Flucht verdächtig ist, festnimmt oder den Widerstand des Verpflichteten gegen eine Handlung, die dieser zu dulden verpflichtet ist, beseitigt, handelt nicht widerrechtlich, wenn obrigkeitliche Hilfe nicht rechtzeitig zu erlangen ist und ohne sofortiges Eingreifen die Gefahr besteht, dass die Verwirklichung des Anspruchs vereitelt oder wesentlich erschwert werde.

§ 230 Grenzen der Selbsthilfe

(1) Die Selbsthilfe darf nicht weiter gehen, als zur Abwendung der Gefahr erforderlich ist.

(2) Im Falle der Wegnahme von Sachen ist, sofern nicht Zwangsvollstreckung erwirkt wird, der dingliche Arrest zu beantragen.

(3) Im Falle der Festnahme des Verpflichteten ist, sofern er nicht wieder in Freiheit gesetzt wird, der persönliche Sicherheitsarrest bei dem Amtsgericht zu beantragen, in dessen Bezirk die Festnahme erfolgt ist; der Verpflichtete ist unverzüglich dem Gericht vorzuführen.

(4) Wird der Arrestantrag verzögert oder abgelehnt, so hat die Rückgabe der weggenommenen Sachen und die Freilassung des Festgenommenen unverzüglich zu erfolgen.

§ 242 Leistung nach Treu und Glauben

Der Schuldner ist verpflichtet, die Leistung so zu bewirken, wie Treu und Glauben mit Rücksicht auf die Verkehrssitte es erfordern.

§ 249 Art und Umfang des Schadensersatzes

(1) Wer zum Schadensersatz verpflichtet ist, hat den Zustand herzustellen, der bestehen würde, wenn der zum Ersatz verpflichtende Umstand nicht eingetreten wäre.

(2) Ist wegen Verletzung einer Person oder wegen Beschädigung einer Sache Schadensersatz zu leisten, so kann der Gläubiger statt der Herstellung den dazu erforderlichen Geldbetrag verlangen. Bei der Beschädigung einer Sache

schließt der nach Satz 1 erforderliche Geldbetrag die Umsatzsteuer nur mit ein, wenn und so weit sie tatsächlich angefallen ist.

§ 305 Einbeziehung Allgemeiner Geschäftsbedingungen in den Vertrag

(1) Allgemeine Geschäftsbedingungen sind alle für eine Vielzahl von Verträgen vorformulierten Vertragsbedingungen, die eine Vertragspartei (Verwender) der anderen Vertragspartei bei Abschluss eines Vertrags stellt. Gleichgültig ist, ob die Bestimmungen einen äußerlich gesonderten Bestandteil des Vertrags bilden oder in die Vertragsurkunde selbst aufgenommen werden, welchen Umfang sie haben, in welcher Schriftart sie verfasst sind und welche Form der Vertrag hat. Allgemeine Geschäftsbedingungen liegen nicht vor, soweit die Vertragsbedingungen zwischen den Vertragsparteien im Einzelnen ausgehandelt sind.

(2) Allgemeine Geschäftsbedingungen werden nur dann Bestandteil eines Vertrags, wenn der Verwender bei Vertragsschluss

1. die andere Vertragspartei ausdrücklich oder, wenn ein ausdrücklicher Hinweis wegen der Art des Vertragsschlusses nur unter unverhältnismäßigen Schwierigkeiten möglich ist, durch deutlich sichtbaren Aushang am Orte des Vertragsschlusses auf sie hinweist und

2. der anderen Vertragspartei die Möglichkeit verschafft, in zumutbarer Weise, die auch eine für den Verwender erkennbare körperliche Behinderung der anderen Vertragspartei angemessen berücksichtigt, von ihrem Inhalt Kenntnis zu nehmen,

und wenn die andere Vertragspartei mit ihrer Geltung einverstanden ist.

(3) Die Vertragsparteien können für eine bestimmte Art von Rechtsgeschäften die Geltung bestimmter Allgemeiner Geschäftsbedingungen unter Beachtung der in Absatz 2 bezeichneten Erfordernisse im Voraus vereinbaren.

§ 305b Vorrang der Individualabrede

Individuelle Vertragsabreden haben Vorrang vor Allgemeinen Geschäftsbedingungen.

§ 305c Überraschende und mehrdeutige Klauseln

(1) Bestimmungen in Allgemeinen Geschäftsbedingungen, die nach den Umständen, insbesondere nach dem äußeren Erscheinungsbild des Vertrags, so ungewöhnlich sind, dass der Vertragspartner des Verwenders mit ihnen nicht zu rechnen braucht, werden nicht Vertragsbestandteil.

(2) Zweifel bei der Auslegung Allgemeiner Geschäftsbedingungen gehen zu Lasten des Verwenders.

§ 306 Rechtsfolgen bei Nichteinbeziehung und Unwirksamkeit

(1) Sind Allgemeine Geschäftsbedingungen ganz oder teilweise nicht Vertragsbestandteil geworden oder unwirksam, so bleibt der Vertrag im Übrigen wirksam.

(2) Soweit die Bestimmungen nicht Vertragsbestandteil geworden oder unwirksam sind, richtet sich der Inhalt des Vertrags nach den gesetzlichen Vorschriften.

(3) Der Vertrag ist unwirksam, wenn das Festhalten an ihm auch unter Berücksichtigung der nach Absatz 2 vorgesehenen Änderung eine unzumutbare Härte für eine Vertragspartei darstellen würde.

§ 306a Umgehungsverbot

Die Vorschriften dieses Abschnitts finden auch Anwendung, wenn sie durch anderweitige Gestaltungen umgangen werden.

§ 307 Inhaltskontrolle

(1) Bestimmungen in Allgemeinen Geschäftsbedingungen sind unwirksam, wenn sie den Vertragspartner des Verwenders entgegen den Geboten von Treu und Glauben unangemessen benachteiligen. Eine unangemessene Benachteiligung kann sich auch daraus ergeben, dass die Bestimmung nicht klar und verständlich ist.

(2) Eine unangemessene Benachteiligung ist im Zweifel anzunehmen, wenn eine Bestimmung

1. mit wesentlichen Grundgedanken der gesetzlichen Regelung, von der abgewichen wird, nicht zu vereinbaren ist oder
2. wesentliche Rechte oder Pflichten, die sich aus der Natur des Vertrags ergeben, so einschränkt, dass die Erreichung des Vertragszwecks gefährdet ist.

Andere Bestimmungen können nach Absatz 1 Satz 2 in Verbindung in Absatz 1 Satz 1 unwirksam sein.

§ 310 Anwendungsbereich

(1) § 305 Abs. 2 und 3 und die §§ 308 und 309 finden keine Anwendung auf Allgemeine Geschäftsbedingungen, die gegenüber einem Unternehmer, einer juristischen Person des öffentlichen Rechts oder einem öffentlich-rechtlichen Sondervermögen verwendet werden. § 307 Abs. 1 und 2 findet in den Fällen des Satzes 1 auch insoweit Anwendung, als dies zur Unwirksamkeit von in den §§ 308 und 309 genannten Vertragsbestimmungen führt; auf die im Handelsverkehr geltenden Gewohnheiten und Gebräuche ist angemessen Rücksicht zu nehmen.

(2) Die §§ 308 und 309 finden keine Anwendung auf Verträge der Elektrizitäts-, Gas-, Fernwärme- und Wasserversorgungsunternehmen über die Versorgung von Sonderabnehmern mit elektrischer Energie, Gas, Fernwärme und Wasser aus dem Versorgungsnetz, soweit die Versorgungsbedingungen nicht zum Nachteil der Abnehmer von Verordnungen über Allgemeine Bedingungen für die Versorgung von Tarifkunden mit elektrischer Energie, Gas, Fernwärme und

Wasser abweichen. Satz 1 gilt entsprechend für Verträge über die Entsorgung von Abwasser.

(3) Bei Verträgen zwischen einem Unternehmer und einem Verbraucher (Verbraucherverträge) finden die Vorschriften dieses Abschnitts mit folgenden Maßgaben Anwendung

1. Allgemeine Geschäftsbedingungen gelten als vom Unternehmer gestellt, es sei denn, dass sie durch den Verbraucher in den Vertrag eingeführt wurden;

2. § 305c Abs. 2 und die §§ 306 und 307 bis 309 dieses Gesetzes sowie Artikel 29a des Einführungsgesetzes zum Bürgerlichen Gesetzbuche finden auf vorformulierte Vertragsbedingungen auch dann Anwendung, wenn diese nur zur einmaligen Verwendung bestimmt sind und soweit der Verbraucher auf Grund der Vorformulierung auf ihren Inhalt keinen Einfluss nehmen konnte;

3. bei der Beurteilung der unangemessenen Benachteiligung nach § 307 Abs. 1 und 2 sind auch die den Vertragsschluss begleitenden Umstände zu berücksichtigen.

(4) Dieser Abschnitt findet keine Anwendung bei Verträgen auf dem Gebiet des Erb-, Familien- und Gesellschaftsrechts sowie auf Tarifverträge, Betriebs- und Dienstvereinbarungen. Bei der Anwendung auf Arbeitsverträge sind die im Arbeitsrecht geltenden Besonderheiten angemessen zu berücksichtigen; § 305 Abs. 2 und 3 ist nicht anzuwenden. Tarifverträge, Betriebs- und Dienstvereinbarungen stehen Rechtsvorschriften im Sinne von § 307 Abs. 3 gleich.

§ 312b Fernabsatzverträge

(1) Fernabsatzverträge sind Verträge über die Lieferung von Waren oder über die Erbringung von Dienstleistungen, einschließlich Finanzdienstleistungen, die zwischen einem Unternehmer und einem Verbraucher unter ausschließlicher Verwendung von Fernkommunikationsmitteln abgeschlossen werden, es sei denn, dass der Vertragsschluss nicht im Rahmen eines für den Fernabsatz organisierten Vertriebs- oder Dienstleistungssystems erfolgt. Finanzdienstleistungen im Sinne des Satzes 1 sind Bankdienstleistungen sowie Dienstleistungen im Zusammenhang mit einer Kreditgewährung, Versicherung, Altersversorgung von Einzelpersonen, Geldanlage oder Zahlung.

(2) Fernkommunikationsmittel sind Kommunikationsmittel, die zur Anbahnung oder zum Abschluss eines Vertrags zwischen einem Verbraucher und einem Unternehmer ohne gleichzeitige körperliche Anwesenheit der Vertragsparteien eingesetzt werden können, insbesondere Briefe, Kataloge, Telefonanrufe, Telekopien, E-Mails sowie Rundfunk, Tele- und Mediendienste.

(3) Die Vorschriften über Fernabsatzverträge finden keine Anwendung auf Verträge

1. über Fernunterricht (§ 1 des Fernunterrichtsschutzgesetzes),
2. über die Teilzeitnutzung von Wohngebäuden (§ 481),
3. über Versicherungen sowie deren Vermittlung,
4. über die Veräußerung von Grundstücken und grundstücksgleichen Rechten, die Begründung, Veräußerung und Aufhebung von dinglichen Rechten an Grundstücken und grundstücksgleichen Rechten sowie über die Errichtung von Bauwerken,
5. über die Lieferung von Lebensmitteln, Getränken oder sonstigen Haushaltsgegenständen des täglichen Bedarfs, die am Wohnsitz, am Aufenthaltsort oder am Arbeitsplatz eines Verbrauchers von Unternehmern im Rahmen häufiger und regelmäßiger Fahrten geliefert werden,
6. über die Erbringung von Dienstleistungen in den Bereichen Unterbringung, Beförderung, Lieferung von Speisen und Getränken sowie Freizeitgestaltung, wenn sich der Unternehmer bei Vertragsschluss verpflichtet, die Dienstleistungen zu einem bestimmten Zeitpunkt oder innerhalb eines genau angegebenen Zeitraums zu erbringen,
7. die geschlossen werden
   a) unter Verwendung von Warenautomaten oder automatisierten Geschäftsräumen oder
   b) mit Betreibern von Telekommunikationsmitteln auf Grund der Benutzung von öffentlichen Fernsprechern, soweit sie deren Benutzung zum Gegenstand haben.

(4) Bei Vertragsverhältnissen, die eine erstmalige Vereinbarung mit daran anschließenden aufeinander folgenden Vorgängen oder eine daran anschließende Reihe getrennter, in einem zeitlichen Zusammenhang stehender Vorgänge der gleichen Art umfassen, finden die Vorschriften über Fernabsatzverträge nur Anwendung auf die erste Vereinbarung. Wenn derartige Vorgänge ohne eine solche Vereinbarung aufeinander folgen, gelten die Vorschriften über Informationspflichten des Unternehmers nur für den ersten Vorgang. Findet jedoch länger als ein Jahr kein Vorgang der gleichen Art mehr statt, so gilt der nächste Vorgang als der erste Vorgang einer neuen Reihe im Sinne von Satz 2.

(5) Weitergehende Vorschriften zum Schutz des Verbrauchers bleiben unberührt.

§ 312c Unterrichtung des Verbrauchers bei Fernabsatzverträgen

(1) Der Unternehmer hat dem Verbraucher rechtzeitig vor Abgabe von dessen Vertragserklärung in einer dem eingesetzten Fernkommunikationsmittel entsprechenden Weise klar und verständlich und unter Angabe des geschäftlichen Zwecks die Informationen zur Verfügung zu stellen, für die dies in der Rechtsverordnung nach Artikel 240 des Einführungsgesetzes zum Bürgerlichen Gesetzbuche bestimmt ist. Der Unternehmer hat bei von ihm veranlassten

Telefongesprächen seine Identität und den geschäftlichen Zweck des Kontakts bereits zu Beginn eines jeden Gesprächs ausdrücklich offen zu legen.

(2) Der Unternehmer hat dem Verbraucher ferner die Vertragsbestimmungen einschließlich der Allgemeinen Geschäftsbedingungen sowie die in der Rechtsverordnung nach Artikel 240 des Einführungsgesetzes zum Bürgerlichen Gesetzbuche bestimmten Informationen in dem dort bestimmten Umfang und der dort bestimmten Art und Weise in Textform mitzuteilen, und zwar

1. bei Finanzdienstleistungen rechtzeitig vor Abgabe von dessen Vertragserklärung oder, wenn auf Verlangen des Verbrauchers der Vertrag telefonisch oder unter Verwendung eines anderen Fernkommunikationsmittels geschlossen wird, das die Mitteilung in Textform vor Vertragsschluss nicht gestattet, unverzüglich nach Abschluss des Fernabsatzvertrags;

2. bei sonstigen Dienstleistungen und bei der Lieferung von Waren alsbald, spätestens bis zur vollständigen Erfüllung des Vertrags, bei Waren spätestens bis zur Lieferung an den Verbraucher.

Eine Mitteilung nach Satz 1 Nr. 2 ist entbehrlich bei Dienstleistungen, die unmittelbar durch Einsatz von Fernkommunikationsmitteln erbracht werden, sofern diese Leistungen in einem Mal erfolgen und über den Betreiber der Fernkommunikationsmittel abgerechnet werden. Der Verbraucher muss sich in diesem Falle aber über die Anschrift der Niederlassung des Unternehmers informieren können, bei der er Beanstandungen vorbringen kann.

(3) Bei Finanzdienstleistungen kann der Verbraucher während der Laufzeit des Vertrags jederzeit vom Unternehmer verlangen, dass ihm dieser die Vertragsbestimmungen einschließlich der Allgemeinen Geschäftsbedingungen in einer Urkunde zur Verfügung stellt.

(4) Weitergehende Einschränkungen bei der Verwendung von Fernkommunikationsmitteln und weitergehende Informationspflichten auf Grund anderer Vorschriften bleiben unberührt.

§ 312d Widerrufs- und Rückgaberecht bei Fernabsatzverträgen

(1) Dem Verbraucher steht bei einem Fernabsatzvertrag ein Widerrufsrecht nach § 355 zu. Anstelle des Widerrufsrechts kann dem Verbraucher bei Verträgen über die Lieferung von Waren ein Rückgaberecht nach § 356 eingeräumt werden.

(2) Die Widerrufsfrist beginnt abweichend von § 355 Abs. 2 Satz 1 nicht vor Erfüllung der Informationspflichten gemäß § 312c Abs. 2, bei der Lieferung von Waren nicht vor dem Tage ihres Eingangs beim Empfänger, bei der wiederkehrenden Lieferung gleichartiger Waren nicht vor dem Tage des Eingangs der ersten Teillieferung und bei Dienstleistungen nicht vor dem Tage des Vertragsschlusses.

(3) Das Widerrufsrecht erlischt bei einer Dienstleistung auch in folgenden Fällen:

1. bei einer Finanzdienstleistung, wenn der Vertrag von beiden Seiten auf ausdrücklichen Wunsch des Verbrauchers vollständig erfüllt ist, bevor der Verbraucher sein Widerrufsrecht ausgeübt hat,
2. bei einer sonstigen Dienstleistung, wenn der Unternehmer mit der Ausführung der Dienstleistung mit ausdrücklicher Zustimmung des Verbrauchers vor Ende der Widerrufsfrist begonnen hat oder der Verbraucher diese selbst veranlasst hat.

(4) Das Widerrufsrecht besteht, soweit nicht ein anderes bestimmt ist, nicht bei Fernabsatzverträgen

1. zur Lieferung von Waren, die nach Kundenspezifikation angefertigt werden oder eindeutig auf die persönlichen Bedürfnisse zugeschnitten sind oder die auf Grund ihrer Beschaffenheit nicht für eine Rücksendung geeignet sind oder schnell verderben können oder deren Verfalldatum überschritten würde,
2. zur Lieferung von Audio- oder Videoaufzeichnungen oder von Software, sofern die gelieferten Datenträger vom Verbraucher entsiegelt worden sind,
3. zur Lieferung von Zeitungen, Zeitschriften und Illustrierten,
4. zur Erbringung von Wett- und Lotterie-Dienstleistungen,
5. die in der Form von Versteigerungen (§ 156) geschlossen werden oder
6. die die Lieferung von Waren oder die Erbringung von Finanzdienstleistungen zum Gegenstand haben, deren Preis auf dem Finanzmarkt Schwankungen unterliegt, auf die der Unternehmer keinen Einfluss hat und die innerhalb der Widerrufsfrist auftreten können, insbesondere Dienstleistungen im Zusammenhang mit Aktien, Anteilscheinen, die von einer Kapitalanlagegesellschaft oder einer ausländischen Investmentgesellschaft ausgegeben werden, und anderen handelbaren Wertpapieren, Devisen, Derivaten oder Geldmarktinstrumenten.

(5) Das Widerrufsrecht besteht ferner nicht bei Fernabsatzverträgen, bei denen dem Verbraucher bereits auf Grund der §§ 495, 499 bis 507 ein Widerrufs- oder Rückgaberecht nach den § 355 oder § 356 zusteht. Bei solchen Verträgen gilt Absatz 2 entsprechend.

(6) Bei Fernabsatzverträgen über Finanzdienstleistungen hat der Verbraucher abweichend von § 357 Abs. 1 Wertersatz für die erbrachte Dienstleistung nach den Vorschriften über den gesetzlichen Rücktritt nur zu leisten, wenn er vor Abgabe seiner Vertragserklärung auf diese Rechtsfolge hingewiesen worden ist und wenn er ausdrücklich zugestimmt hat, dass der Unternehmer vor Ende der Widerrufsfrist mit der Ausführung der Dienstleistung beginnt.

§ 312e Pflichten im elektronischen Geschäftsverkehr

(1) Bedient sich ein Unternehmer zum Zwecke des Abschlusses eines Vertrags über die Lieferung von Waren oder über die Erbringung von Dienstleistungen eines Tele- oder Mediendienstes (Vertrag im elektronischen Geschäftsverkehr), hat er dem Kunden

1. angemessene, wirksame und zugängliche technische Mittel zur Verfügung zu stellen, mit deren Hilfe der Kunde Eingabefehler vor Abgabe seiner Bestellung erkennen und berichtigen kann,

2. die in der Rechtsverordnung nach Artikel 241 des Einführungsgesetzes zum Bürgerlichen Gesetzbuche bestimmten Informationen rechtzeitig vor Abgabe von dessen Bestellung klar und verständlich mitzuteilen,

3. den Zugang von dessen Bestellung unverzüglich auf elektronischem Wege zu bestätigen und

4. die Möglichkeit zu verschaffen, die Vertragsbestimmungen einschließlich der Allgemeinen Geschäftsbedingungen bei Vertragsschluss abzurufen und in wiedergabefähiger Form zu speichern.

Bestellung und Empfangsbestätigung im Sinne von Satz 1 Nr. 3 gelten als zugegangen, wenn die Parteien, für die sie bestimmt sind, sie unter gewöhnlichen Umständen abrufen können.

(2) Absatz 1 Satz 1 Nr. 1 bis 3 findet keine Anwendung, wenn der Vertrag ausschließlich durch individuelle Kommunikation geschlossen wird. Absatz 1 Satz 1 Nr. 1 bis 3 und Satz 2 findet keine Anwendung, wenn zwischen Vertragsparteien, die nicht Verbraucher sind, etwas anderes vereinbart wird.

(3) Weitergehende Informationspflichten auf Grund anderer Vorschriften bleiben unberührt. Steht dem Kunden ein Widerrufsrecht gemäß § 355 zu, beginnt die Widerrufsfrist abweichend von § 355 Abs. 2 Satz 1 nicht vor Erfüllung der in Absatz 1 Satz 1 geregelten Pflichten.

§ 312f Abweichende Vereinbarungen

Von den Vorschriften dieses Untertitels darf, soweit nicht ein anderes bestimmt ist, nicht zum Nachteil des Verbrauchers oder Kunden abgewichen werden. Die Vorschriften dieses Untertitels finden, soweit nicht ein anderes bestimmt ist, auch Anwendung, wenn sie durch anderweitige Gestaltungen umgangen werden.

§ 323 Rücktritt wegen nicht oder nicht vertragsgemäß erbrachter Leistung

(1) Erbringt bei einem gegenseitigen Vertrag der Schuldner eine fällige Leistung nicht oder nicht vertragsgemäß, so kann der Gläubiger, wenn er dem Schuldner erfolglos eine angemessene Frist zur Leistung oder Nacherfüllung bestimmt hat, vom Vertrag zurücktreten.

(2) Die Fristsetzung ist entbehrlich, wenn

1. der Schuldner die Leistung ernsthaft und endgültig verweigert,

2. der Schuldner die Leistung zu einem im Vertrag bestimmten Termin oder innerhalb einer bestimmten Frist nicht bewirkt und der Gläubiger im Vertrag den Fortbestand seines Leistungsinteresses an die Rechtzeitigkeit der Leistung gebunden hat oder

3. besondere Umstände vorliegen, die unter Abwägung der beiderseitigen Interessen den sofortigen Rücktritt rechtfertigen.

(3) Kommt nach der Art der Pflichtverletzung eine Fristsetzung nicht in Betracht, so tritt an deren Stelle eine Abmahnung.

(4) Der Gläubiger kann bereits vor dem Eintritt der Fälligkeit der Leistung zurücktreten, wenn offensichtlich ist, dass die Voraussetzungen des Rücktritts eintreten werden.

(5) Hat der Schuldner eine Teilleistung bewirkt, so kann der Gläubiger vom ganzen Vertrag nur zurücktreten, wenn er an der Teilleistung kein Interesse hat. Hat der Schuldner die Leistung nicht vertragsgemäß bewirkt, so kann der Gläubiger vom Vertrag nicht zurücktreten, wenn die Pflichtverletzung unerheblich ist.

(6) Der Rücktritt ist ausgeschlossen, wenn der Gläubiger für den Umstand, der ihn zum Rücktritt berechtigen würde, allein oder weit überwiegend verantwortlich ist oder wenn der vom Schuldner nicht zu vertretende Umstand zu einer Zeit eintritt, zu welcher der Gläubiger im Verzug der Annahme ist.

§ 324 Rücktritt wegen Verletzung einer Pflicht nach § 241 Abs. 2

Verletzt der Schuldner bei einem gegenseitigen Vertrag eine Pflicht nach § 241 Abs. 2, so kann der Gläubiger zurücktreten, wenn ihm ein Festhalten am Vertrag nicht mehr zuzumuten ist.

§ 325 Schadensersatz und Rücktritt

Das Recht, bei einem gegenseitigen Vertrag Schadensersatz zu verlangen, wird durch den Rücktritt nicht ausgeschlossen.

§ 433 Vertragstypische Pflichten beim Kaufvertrag

(1) Durch den Kaufvertrag wird der Verkäufer einer Sache verpflichtet, dem Käufer die Sache zu übergeben und das Eigentum an der Sache zu verschaffen. Der Verkäufer hat dem Käufer die Sache frei von Sach- und Rechtsmängeln zu verschaffen.

(2) Der Käufer ist verpflichtet, dem Verkäufer den vereinbarten Kaufpreis zu zahlen und die gekaufte Sache abzunehmen.

§ 434 Sachmangel

(1)Die Sache ist frei von Sachmängeln, wenn sie bei Gefahrübergang die vereinbarte Beschaffenheit hat. Soweit die Beschaffenheit nicht vereinbart ist, ist die Sache frei von Sachmängeln,

1. wenn sie sich für die nach dem Vertrag vorausgesetzte Verwendung eignet,

2. wenn sie sich für die gewöhnliche Verwendung eignet und eine Beschaffenheit aufweist, die bei Sachen der gleichen Art üblich ist und die der Käufer nach der Art der Sache erwarten kann.

Zu der Beschaffenheit nach Satz 2 Nr. 2 gehören auch Eigenschaften, die der Käufer nach den öffentlichen Äußerungen des Verkäufers, des Herstellers (§ 4 Abs. 1 und 2 des Produkthaftungsgesetzes) oder seines Gehilfen insbesondere in der Werbung oder bei der Kennzeichnung über bestimmte Eigenschaften der Sache erwarten kann, es sei denn, dass der Verkäufer die Äußerung nicht kannte und auch nicht kennen musste, dass sie im Zeitpunkt des Vertragsschlusses in gleichwertiger Weise berichtigt war oder dass sie die Kaufentscheidung nicht beeinflussen konnte.

(2) Ein Sachmangel ist auch dann gegeben, wenn die vereinbarte Montage durch den Verkäufer oder dessen Erfüllungsgehilfen unsachgemäß durchgeführt worden ist. Ein Sachmangel liegt bei einer zur Montage bestimmten Sache ferner vor, wenn die Montageanleitung mangelhaft ist, es sei denn, die Sache ist fehlerfrei montiert worden.

(3) Einem Sachmangel steht es gleich, wenn der Verkäufer eine andere Sache oder eine zu geringe Menge liefert.

§ 435 Rechtsmangel

Die Sache ist frei von Rechtsmängeln, wenn Dritte in Bezug auf die Sache keine oder nur die im Kaufvertrag übernommenen Rechte gegen den Käufer geltend machen können. Einem Rechtsmangel steht es gleich, wenn im Grundbuch ein Recht eingetragen ist, das nicht besteht.

§ 437 Rechte des Käufers bei Mängeln

Ist die Sache mangelhaft, kann der Käufer, wenn die Voraussetzungen der folgenden Vorschriften vorliegen und soweit nicht ein anderes bestimmt ist,

1. nach § 439 Nacherfüllung verlangen,
2. nach den §§ 440, 323 und 326 Abs. 5 von dem Vertrag zurücktreten oder

    nach § 441 den Kaufpreis mindern und
3. nach den §§ 440, 280, 281, 283 und 311a Schadensersatz oder nach § 284 Ersatz vergeblicher Aufwendungen verlangen.

§ 438 Verjährung der Mängelansprüche

(1) Die in § 437 Nr. 1 und bezeichneten Ansprüche verjähren

1. in 30 Jahren, wenn der Mangel
    a) in einem dinglichen Recht eines Dritten, auf Grund dessen Herausgabe der Kaufsache verlangt werden kann, oder
    b) in einem sonstigen Recht, das im Grundbuch eingetragen ist,
    besteht,

2. in 5 Jahren
   a) bei einem Bauwerk und
   b) bei einer Sache, die entsprechend ihrer üblichen Verwendungsweise für ein Bauwerk verwendet worden ist und dessen Mangelhaftigkeit verursacht hat, und
3. im Übrigen in zwei Jahren.

(2) Die Verjährung beginnt bei Grundstücken mit der Übergabe, im Übrigen mit der Ablieferung der Sache.

(3) Abweichend von Absatz 1 Nr. 2 und 3 und Absatz 2 verjähren die Ansprüche in der regelmäßigen Verjährungsfrist, wenn der Verkäufer den Mangel arglistig verschwiegen hat. Im Falle des Absatzes 1 Nr. 2 tritt die Verjährung jedoch nicht vor Ablauf der dort bestimmten Frist ein.

(4) Für das in § 437 bezeichnete Rücktrittsrecht gilt § 218. Der Käufer kann trotz einer Unwirksamkeit des Rücktritts nach § 218 Abs. 1 die Zahlung des Kaufpreises insoweit verweigern, als er auf Grund des Rücktritts dazu berechtigt sein würde. Macht er von diesem Recht Gebrauch, kann der Verkäufer vom Vertrag zurücktreten.

(5) Auf das in § 437 bezeichnete Minderungsrecht finden § 218 und Absatz 4 Satz 2 entsprechende Anwendung.

§ 439 Nacherfüllung

(1) Der Käufer kann als Nacherfüllung nach seiner Wahl die Beseitigung des Mangels oder die Lieferung einer mangelfreien Sache verlangen.

(2) Der Verkäufer hat die zum Zwecke der Nacherfüllung erforderlichen Aufwendungen, insbesondere Transport-, Wege-, Arbeits- und Materialkosten zu tragen.

(3) Der Verkäufer kann die vom Käufer gewählte Art der Nacherfüllung unbeschadet des § 275 Abs. 2 und 3 verweigern, wenn sie nur mit unverhältnismäßigen Kosten möglich ist. Dabei sind insbesondere der Wert der Sache in mangelfreiem Zustand, die Bedeutung des Mangels und die Frage zu berücksichtigen, ob auf die andere Art der Nacherfüllung ohne erhebliche Nachteile für den Käufer zurückgegriffen werden könnte. Der Anspruch des Käufers beschränkt sich in diesem Fall auf die andere Art der Nacherfüllung; das Recht des Verkäufers, auch diese unter den Voraussetzungen des Satzes 1 zu verweigern, bleibt unberührt.

(4) Liefert der Verkäufer zum Zwecke der Nacherfüllung eine mangelfreie Sache, so kann er vom Käufer Rückgewähr der mangelhaften Sache nach Maßgabe der §§ 346 bis 348 verlangen.

§ 440 Besondere Bestimmungen für Rücktritt und Schadensersatz

Außer in den Fällen des § 281 Abs. 2 und des § 323 Abs. 2 bedarf es der Fristsetzung auch dann nicht, wenn der Verkäufer beide Arten der Nacherfüllung gemäß § 439 Abs. 3 verweigert oder wenn die dem Käufer zustehende Art der Nacherfüllung fehlgeschlagen oder ihm unzumutbar ist. Eine Nachbesserung gilt nach dem erfolglosen zweiten Versuch als fehlgeschlagen, wenn sich nicht insbesondere aus der Art der Sache oder des Mangels oder den sonstigen Umständen etwas anderes ergibt.

§ 441 Minderung

(1) Statt zurückzutreten, kann der Käufer den Kaufpreis durch Erklärung gegenüber dem Verkäufer mindern. Der Ausschlussgrund des § 323 Abs. 5 Satz 2 findet keine Anwendung.

(2) Sind auf der Seite des Käufers oder auf der Seite des Verkäufers mehrere beteiligt, so kann die Minderung nur von allen oder gegen alle erklärt werden.

(3) Bei der Minderung ist der Kaufpreis in dem Verhältnis herabzusetzen, in welchem zur Zeit des Vertragsschlusses der Wert der Sache in mangelfreiem Zustand zu dem wirklichen Wert gestanden haben würde. Die Minderung ist, soweit erforderlich, durch Schätzung zu ermitteln.

(4) Hat der Käufer mehr als den geminderten Kaufpreis gezahlt, so ist der Mehrbetrag vom Verkäufer zu erstatten. § 346 Abs. 1 und § 347 Abs. 1 finden entsprechende Anwendung.

§ 442 Kenntnis des Käufers

(1) Die Rechte des Käufers wegen eines Mangels sind ausgeschlossen, wenn er bei Vertragsschluss den Mangel kennt. Ist dem Käufer ein Mangel infolge grober Fahrlässigkeit unbekannt geblieben, kann der Käufer Rechte wegen dieses Mangels nur geltend machen, wenn der Verkäufer den Mangel arglistig verschwiegen oder eine Garantie für die Beschaffenheit der Sache übernommen hat.

(2) Ein im Grundbuch eingetragenes Recht hat der Verkäufer zu beseitigen, auch wenn es der Käufer kennt.

§ 443 Beschaffenheits- und Haltbarkeitsgarantie

(1) Übernimmt der Verkäufer oder ein Dritter eine Garantie für die Beschaffenheit der Sache oder dafür, dass die Sache für eine bestimmte Dauer eine bestimmte Beschaffenheit behält (Haltbarkeitsgarantie), so stehen dem Käufer im Garantiefall unbeschadet der gesetzlichen Ansprüche die Rechte aus der Garantie zu den in der Garantieerklärung und der einschlägigen Werbung angegebenen Bedingungen gegenüber demjenigen zu, der die Garantie eingeräumt hat.

(2) Soweit eine Haltbarkeitsgarantie übernommen worden ist, wird vermutet, dass ein während ihrer Geltungsdauer auftretender Sachmangel die Rechte aus der Garantie begründet.

§ 444 Haftungsausschluss

Auf eine Vereinbarung, durch welche die Rechte des Käufers wegen eines Mangels ausgeschlossen oder beschränkt werden, kann sich der Verkäufer nicht berufen, soweit er den Mangel arglistig verschwiegen oder eine Garantie für die Beschaffenheit der Sache übernommen hat.

§ 446 Gefahr- und Lastenübergang

Mit der Übergabe der verkauften Sache geht die Gefahr des zufälligen Untergangs und der zufälligen Verschlechterung auf den Käufer über. Von der Übergabe an gebühren dem Käufer die Nutzungen und trägt er die Lasten der Sache. [3]Der Übergabe steht es gleich, wenn der Käufer im Verzug der Annahme ist.

§ 447 Gefahrübergang beim Versendungskauf

(1) Versendet der Verkäufer auf Verlangen des Käufers die verkaufte Sache nach einem anderen Ort als dem Erfüllungsort, so geht die Gefahr auf den Käufer über, sobald der Verkäufer die Sache dem Spediteur, dem Frachtführer oder der sonst zur Ausführung der Versendung bestimmten Person oder Anstalt ausgeliefert hat.

(2) Hat der Käufer eine besondere Anweisung über die Art der Versendung erteilt und weicht der Verkäufer ohne dringenden Grund von der Anweisung ab, so ist der Verkäufer dem Käufer für den daraus entstehenden Schaden verantwortlich.

§ 448 Kosten der Übergabe und vergleichbare Kosten

(1) Der Verkäufer trägt die Kosten der Übergabe der Sache, der Käufer die Kosten der Abnahme und der Versendung der Sache nach einem anderen Ort als dem Erfüllungsort.

(2) Der Käufer eines Grundstücks trägt die Kosten der Beurkundung des Kaufvertrags und der Auflassung, der Eintragung ins Grundbuch und der zu der Eintragung erforderlichen Erklärungen.

§ 474 Begriff des Verbrauchsgüterkaufs

(1) Kauft ein Verbraucher von einem Unternehmer eine bewegliche Sache (Verbrauchsgüterkauf), gelten ergänzend die folgenden Vorschriften. [2]Dies gilt nicht für gebrauchte Sachen, die in einer öffentlichen Versteigerung verkauft werden, an der der Verbraucher persönlich teilnehmen kann.

(2) Die §§ 445 und 447 finden auf die in diesem Untertitel geregelten Kaufverträge keine Anwendung.

§ 475 Abweichende Vereinbarungen

(1) Auf eine vor Mitteilung eines Mangels an den Unternehmer getroffene Vereinbarung, die zum Nachteil des Verbrauchers von den §§ 433 bis 435, 437, 439 bis 443 sowie von den Vorschriften dieses Untertitels abweicht, kann der Unternehmer sich nicht berufen. Die in Satz 1 bezeichneten Vorschriften finden auch Anwendung, wenn sie durch anderweitige Gestaltungen umgangen werden.

(2) Die Verjährung der in § 437 bezeichneten Ansprüche kann vor Mitteilung eines Mangels an den Unternehmer nicht durch Rechtsgeschäft erleichtert werden, wenn die Vereinbarung zu einer Verjährungsfrist ab dem gesetzlichen Verjährungsbeginn von weniger als zwei Jahren, bei gebrauchten Sachen von weniger als einem Jahr führt.

(3) Die Absätze 1 und 2 gelten unbeschadet der §§ 307 bis 309 nicht für den Ausschluss oder die Beschränkung des Anspruchs auf Schadensersatz.

§ 476 Beweislastumkehr

Zeigt sich innerhalb von sechs Monaten seit Gefahrübergang ein Sachmangel, so wird vermutet, dass die Sache bereits bei Gefahrübergang mangelhaft war, es sei denn, diese Vermutung ist mit der Art der Sache oder des Mangels unvereinbar.

§ 477 Sonderbestimmungen für Garantien

(1) Eine Garantieerklärung (§ 443) muss einfach und verständlich abgefasst sein. Sie muss enthalten

1. den Hinweis auf die gesetzlichen Rechte des Verbrauchers sowie darauf, dass sie durch die Garantie nicht eingeschränkt werden und
2. den Inhalt der Garantie und alle wesentlichen Angaben, die für die Geltendmachung der Garantie erforderlich sind, insbesondere die Dauer und den räumlichen Geltungsbereich des Garantieschutzes sowie Namen und Anschrift des Garantiegebers.

(2) Der Verbraucher kann verlangen, dass ihm die Garantieerklärung in Textform mitgeteilt wird.

(3) Die Wirksamkeit der Garantieverpflichtung wird nicht dadurch berührt, dass eine der vorstehenden Anforderungen nicht erfüllt wird.

§ 478 Rückgriff des Unternehmers

(1) Wenn der Unternehmer die verkaufte neu hergestellte Sache als Folge ihrer Mangelhaftigkeit zurücknehmen musste oder der Verbraucher den Kaufpreis gemindert hat, bedarf es für die in § 437 bezeichneten Rechte des Unternehmers gegen den Unternehmer, der ihm die Sache verkauft hatte (Lieferant), wegen des vom Verbraucher geltend gemachten Mangels einer sonst erforderlichen Fristsetzung nicht.

(2) Der Unternehmer kann beim Verkauf einer neu hergestellten Sache von seinem Lieferanten Ersatz der Aufwendungen verlangen, die der Unternehmer im Verhältnis zum Verbraucher nach § 439 Abs. 2 zu tragen hatte, wenn der vom Verbraucher geltend gemachte Mangel bereits beim Übergang der Gefahr auf den Unternehmer vorhanden war.

(3) In den Fällen der Absätze 1 und 2 findet § 476 mit der Maßgabe Anwendung, dass die Frist mit dem Übergang der Gefahr auf den Verbraucher beginnt.

(4) Auf eine vor Mitteilung eines Mangels an den Lieferanten getroffene Vereinbarung, die zum Nachteil des Unternehmers von den §§ 433 bis 435, 437, 439 bis 443 sowie von den Absätzen 1 bis 3 und von § 479 abweicht, kann sich der Lieferant nicht berufen, wenn dem Rückgriffsgläubiger kein gleichwertiger Ausgleich eingeräumt wird. Satz 1 gilt unbeschadet des § 307 nicht für den Ausschluss oder die Beschränkung des Anspruchs auf Schadensersatz. Die in Satz 1 bezeichneten Vorschriften finden auch Anwendung, wenn sie durch anderweitige Gestaltungen umgangen werden.

(5) Die Absätze 1 bis 4 finden auf die Ansprüche des Lieferanten und der übrigen Käufer in der Lieferkette gegen die jeweiligen Verkäufer entsprechende Anwendung, wenn die Schuldner Unternehmer sind.

(6) § 377 des Handelsgesetzbuchs bleibt unberührt.

§ 479 Verjährung von Rückgriffansprüchen

(1) Die in § 478 Abs. 2 bestimmten Aufwendungsersatzansprüche verjähren in zwei Jahren ab Ablieferung der Sache.

(2) Die Verjährung der in den §§ 437 und 478 Abs. 2 bestimmten Ansprüche des Unternehmers gegen seinen Lieferanten wegen des Mangels einer an einen Verbraucher verkauften neu hergestellten Sache tritt frühestens zwei Monate nach dem Zeitpunkt ein, in dem der Unternehmer die Ansprüche des Verbrauchers erfüllt hat. Diese Ablaufhemmung endet spätestens fünf Jahre nach dem Zeitpunkt, in dem der Lieferant die Sache dem Unternehmer abgeliefert hat.

(3) Die vorstehenden Absätze finden auf die Ansprüche des Lieferanten und der übrigen Käufer in der Lieferkette gegen die jeweiligen Verkäufer entsprechende Anwendung, wenn die Schuldner Unternehmer sind.

§ 651a Vertragstypische Pflichten beim Reisevertrag

(1) Durch den Reisevertrag wird der Reiseveranstalter verpflichtet, dem Reisenden eine Gesamtheit von Reiseleistungen (Reise) zu erbringen. Der Reisende ist verpflichtet, dem Reiseveranstalter den vereinbarten Reisepreis zu zahlen.

(2) Die Erklärung, nur Verträge mit den Personen zu vermitteln, welche die einzelnen Reiseleistungen ausführen sollen (Leistungsträger), bleibt unberücksichtigt, wenn nach den sonstigen Umständen der Anschein begründet wird, dass der Erklärende vertraglich vorgesehene Reiseleistungen in eigener Verantwortung erbringt.

(3) Der Reiseveranstalter hat dem Reisenden bei oder unverzüglich nach Vertragsschluss eine Urkunde über den Reisevertrag (Reisebestätigung) zur Verfügung zu stellen. Die Reisebestätigung und ein Prospekt, den der Reiseveranstalter zur Verfügung stellt, müssen die in der Rechtsverordnung nach Artikel 238 des Einführungsgesetzes zum Bürgerlichen Gesetzbuche bestimmten Angaben enthalten.

(4) Der Reiseveranstalter kann den Reisepreis nur erhöhen, wenn dies mit genauen Angaben zur Berechnung des neuen Preises im Vertrag vorgesehen ist und damit einer Erhöhung der Beförderungskosten, der Abgaben für bestimmte Leistungen, wie Hafen- oder Flughafengebühren, oder einer Änderung der für die betreffende Reise geltenden Wechselkurse Rechnung getragen wird. Eine Preiserhöhung, die ab dem 20. Tage vor dem vereinbarten Abreisetermin verlangt wird, ist unwirksam. § 309 Nr. 1 bleibt unberührt.

(5) Der Reiseveranstalter hat eine Änderung des Reisepreises nach Absatz 4, eine zulässige Änderung einer wesentlichen Reiseleistung oder eine zulässige Absage der Reise dem Reisenden unverzüglich nach Kenntnis von dem Änderungs- oder Absagegrund zu erklären. Im Falle einer Erhöhung des Reisepreises um mehr als fünf vom Hundert oder einer erheblichen Änderung einer wesentlichen Reiseleistung, kann der Reisende vom Vertrag zurücktreten. Er kann stattdessen, ebenso wie bei einer Absage der Reise durch den Reiseveranstalter, die Teilnahme an einer mindestens gleichwertigen anderen Reise verlangen, wenn der Reiseveranstalter in der Lage ist, eine solche Reise ohne Mehrpreis für den Reisenden aus seinem Angebot anzubieten. Der Reisende hat diese Rechte unverzüglich nach der Erklärung durch den Reiseveranstalter diesem gegenüber geltend zu machen.

§ 651b Vertragsübertragung

(1) Bis zum Reisebeginn kann der Reisende verlangen, dass statt seiner ein Dritter in die Rechte und Pflichten aus dem Reisevertrag eintritt. Der Reiseveranstalter kann dem Eintritt des Dritten widersprechen, wenn dieser den besonderen Reiseerfordernissen nicht genügt oder seiner Teilnahme gesetzliche Vorschriften oder behördliche Anordnungen entgegenstehen.

(2) Tritt ein Dritter in den Vertrag ein, so haften er und der Reisende dem Reiseveranstalter als Gesamtschuldner für den Reisepreis und die durch den Eintritt des Dritten entstehenden Mehrkosten.

§ 651c Abhilfe

(1) Der Reiseveranstalter ist verpflichtet, die Reise so zu erbringen, dass sie die zugesicherten Eigenschaften hat und nicht mit Fehlern behaftet ist, die den Wert oder die Tauglichkeit zu dem gewöhnlichen oder nach dem Vertrag vorausgesetzten Nutzen aufheben oder mindern.

(2) Ist die Reise nicht von dieser Beschaffenheit, so kann der Reisende Abhilfe verlangen. Der Reiseveranstalter kann die Abhilfe verweigern, wenn sie einen unverhältnismäßigen Aufwand erfordert.

(3) Leistet der Reiseveranstalter nicht innerhalb einer vom Reisenden bestimmten angemessenen Frist Abhilfe, so kann der Reisende selbst Abhilfe schaffen und Ersatz der erforderlichen Aufwendungen verlangen. Der Bestimmung einer Frist bedarf

es nicht, wenn die Abhilfe von dem Reiseveranstalter verweigert wird oder wenn die sofortige Abhilfe durch ein besonderes Interesse des Reisenden geboten wird.

§ 651d Minderung

(1) Ist die Reise im Sinne des § 651 c Abs. 1 mangelhaft, so mindert sich für die Dauer des Mangels der Reisepreis nach Maßgabe des § 638 Abs. 3. 2 § 638 Abs. 4 findet entsprechende Anwendung.

(2) Die Minderung tritt nicht ein, soweit es der Reisende schuldhaft unterlässt, den Mangel anzuzeigen.

§ 651e Kündigung wegen Mangels

(1) Wird die Reise infolge eines Mangels der in § 651c bezeichneten Art erheblich beeinträchtigt, so kann der Reisende den Vertrag kündigen. Dasselbe gilt, wenn ihm die Reise infolge eines solchen Mangels aus wichtigem, dem Reiseveranstalter erkennbaren Grund nicht zuzumuten ist.

(2) Die Kündigung ist erst zulässig, wenn der Reiseveranstalter eine ihm vom Reisenden bestimmte angemessene Frist hat verstreichen lassen, ohne Abhilfe zu leisten. Der Bestimmung einer Frist bedarf es nicht, wenn die Abhilfe unmöglich ist oder vom Reiseveranstalter verweigert wird oder wenn die sofortige Kündigung des Vertrags durch ein besonderes Interesse des Reisenden gerechtfertigt wird.

(3) Wird der Vertrag gekündigt, so verliert der Reiseveranstalter den Anspruch auf den vereinbarten Reisepreis. Er kann jedoch für die bereits erbrachten oder zur Beendigung der Reise noch zu erbringenden Reiseleistungen eine nach § 638 Abs. 3 zu bemessende Entschädigung verlangen. Dies gilt nicht, soweit diese Leistungen infolge der Aufhebung des Vertrags für den Reisenden kein Interesse haben.

(4) Der Reiseveranstalter ist verpflichtet, die infolge der Aufhebung des Vertrags notwendigen Maßnahmen zu treffen, insbesondere, falls der Vertrag die Rückbeförderung umfasste, den Reisenden zurückzubefördern. Die Mehrkosten fallen dem Reiseveranstalter zur Last.

§ 651f Schadensersatz

(1) Der Reisende kann unbeschadet der Minderung oder der Kündigung Schadensersatz wegen Nichterfüllung verlangen, es sei denn, der Mangel der Reise beruht auf einem Umstand, den der Reiseveranstalter nicht zu vertreten hat.

(2) Wird die Reise vereitelt oder erheblich beeinträchtigt, so kann der Reisende auch wegen nutzlos aufgewendeter Urlaubszeit eine angemessene Entschädigung in Geld verlangen.

§ 651g Ausschlussfrist, Verjährung

(1) Ansprüche nach den §§ 651c bis 651f hat der Reisende innerhalb eines Monats nach der vertraglich vorgesehenen Beendigung der Reise gegenüber

dem Reiseveranstalter geltend zu machen. § 174 ist nicht anzuwenden. Nach Ablauf der Frist kann der Reisende Ansprüche nur geltend machen, wenn er ohne Verschulden an der Einhaltung der Frist verhindert worden ist.

(2) Ansprüche des Reisenden nach den §§ 651c bis 651f verjähren in zwei Jahren. Die Verjährung beginnt mit dem Tage, an dem die Reise dem Vertrag nach enden sollte.

§ 651h Zulässige Haftungsbeschränkung

(1) Der Reiseveranstalter kann durch Vereinbarung mit dem Reisenden eine Haftung für Schäden, die nicht Körperschäden sind, auf den dreifachen Reisepreis beschränken,

1. soweit ein Schaden des Reisenden weder vorsätzlich noch grob fahrlässig herbeigeführt wird, oder
2. soweit der Reiseveranstalter für einen dem Reisenden entstehenden Schaden allein wegen eines Verschuldens eines Leistungsträgers verantwortlich ist.

(2) Gelten für eine von einem Leistungsträger zu erbringende Reiseleistung internationale Übereinkommen oder auf solchen beruhende gesetzliche Vorschriften, nach denen ein Anspruch auf Schadensersatz nur unter bestimmten Voraussetzungen oder Beschränkungen entsteht oder geltend gemacht werden kann oder unter bestimmten Voraussetzungen ausgeschlossen ist, so kann sich auch der Reiseveranstalter gegenüber dem Reisenden hierauf berufen.

§ 651i Rücktritt vor Reisebeginn

(1) Vor Reisebeginn kann der Reisende jederzeit vom Vertrag zurücktreten.

(2) Tritt der Reisende vom Vertrag zurück, so verliert der Reiseveranstalter den Anspruch auf den vereinbarten Reisepreis. Er kann jedoch eine angemessene Entschädigung verlangen. Die Höhe der Entschädigung bestimmt sich nach dem Reisepreis unter Abzug des Wertes der vom Reiseveranstalter ersparten Aufwendungen sowie dessen, was er durch anderweitige Verwendung der Reiseleistungen erwerben kann.

(3) Im Vertrag kann für jede Reiseart unter Berücksichtigung der gewöhnlich ersparten Aufwendungen und des durch anderweitige Verwendung der Reiseleistungen gewöhnlich möglichen Erwerbs ein Vomhundertsatz des Reisepreises als Entschädigung festgesetzt werden.

§ 651j Kündigung wegen höherer Gewalt

(1) Wird die Reise infolge bei Vertragsabschluss nicht voraussehbarer höherer Gewalt erheblich erschwert, gefährdet oder beeinträchtigt, so können sowohl der Reiseveranstalter als auch der Reisende den Vertrag allein nach Maßgabe dieser Vorschrift kündigen.

(2) Wird der Vertrag nach Absatz 1 gekündigt, so findet die Vorschrift des §

651e Abs. 3 Satz 1 und 2, Abs. 4 Satz 1 Anwendung. Die Mehrkosten für die Rückbeförderung sind von den Parteien je zur Hälfte zu tragen. Im Übrigen fallen die Mehrkosten dem Reisenden zur Last.

§ 651k Sicherstellung, Zahlung

(1) Der Reiseveranstalter hat sicherzustellen, dass dem Reisenden erstattet werden

1. der gezahlte Reisepreis, soweit Reiseleistungen infolge Zahlungsunfähigkeit oder Eröffnung des Insolvenzverfahrens über das Vermögen des Reiseveranstalters ausfallen, und

2. notwendige Aufwendungen, die dem Reisenden infolge Zahlungsunfähigkeit oder Eröffnung des Insolvenzverfahrens über das Vermögen des Reiseveranstalters für die Rückreise entstehen.

Die Verpflichtungen nach Satz 1 kann der Reiseveranstalter nur erfüllen

1. durch eine Versicherung bei einem im Geltungsbereich dieses Gesetzes zum Geschäftsbetrieb befugten Versicherungsunternehmen oder

2. durch ein Zahlungsversprechen eines im Geltungsbereich dieses Gesetzes zum Geschäftsbetrieb befugten Kreditinstituts.

(2) Der Versicherer oder das Kreditinstitut (Kundengeldabsicherer) kann seine Haftung für die von ihm in einem Jahr insgesamt nach diesem Gesetz zu erstattenden Beträge auf 110 Millionen Euro begrenzen. Übersteigen die in einem Jahr von einem Kundengeldabsicherer insgesamt nach diesem Gesetz zu erstattenden Beträge die in Satz 1 genannten Höchstbeträge, so verringern sich die einzelnen Erstattungsansprüche in dem Verhältnis, in dem ihr Gesamtbetrag zum Höchstbetrag steht.

(3) Zur Erfüllung seiner Verpflichtung nach Absatz 1 hat der Reiseveranstalter dem Reisenden einen unmittelbaren Anspruch gegen den Kundengeldabsicherer zu verschaffen und durch Übergabe einer von diesem oder auf dessen Veranlassung ausgestellten Bestätigung (Sicherungsschein) nachzuweisen. Der Kundengeldabsicherer kann sich gegenüber einem Reisenden, dem ein Sicherungsschein ausgehändigt worden ist, weder auf Einwendungen aus dem Kundengeldabsicherungsvertrag noch darauf berufen, dass der Sicherungsschein erst nach Beendigung des Kundengeldabsicherungsvertrags ausgestellt worden. In den Fällen des Satzes 2 geht der Anspruch des Reisenden gegen den Reiseveranstalter auf den Kundengeldabsicherer über, soweit dieser den Reisenden befriedigt. Ein Reisevermittler ist dem Reisenden gegenüber verpflichtet, den Sicherungsschein auf seine Gültigkeit hin zu überprüfen, wenn er ihn dem Reisenden aushändigt.

(4) Reiseveranstalter und Reisevermittler dürfen Zahlungen des Reisenden auf den Reisepreis vor Beendigung der Reise nur fordern oder annehmen, wenn

dem Reisenden ein Sicherungsschein übergeben wurde. Ein Reisevermittler gilt als vom Reiseveranstalter zur Annahme von Zahlungen auf den Reisepreis ermächtigt, wenn er einen Sicherungsschein übergibt oder sonstige dem Reiseveranstalter zuzurechnende Umstände ergeben, dass er von diesem damit betraut ist, Reiseverträge für ihn zu vermitteln. Dies gilt nicht, wenn die Annahme von Zahlungen durch den Reisevermittler in hervorgehobener Form gegenüber dem Reisenden ausgeschlossen ist.

(5) Hat im Zeitpunkt des Vertragsschlusses der Reiseveranstalter seine Hauptniederlassung in einem anderen Mitgliedstaat der Europäischen Gemeinschaften oder in einem anderen Vertragsstaat des Abkommens über den Europäischen Wirtschaftsraum, so genügt der Reiseveranstalter seiner Verpflichtung nach Absatz 1 auch dann, wenn er dem Reisenden Sicherheit in Übereinstimmung mit den Vorschriften des anderen Staates leistet und diese den Anforderungen nach Absatz 1 Satz 1 entspricht. Absatz 4 gilt mit der Maßgabe, dass dem Reisenden die Sicherheitsleistung nachgewiesen werden muss.

(6) Die Absätze 1 bis 5 gelten nicht, wenn

1. der Reiseveranstalter nur gelegentlich und außerhalb seiner gewerblichen Tätigkeit Reisen veranstaltet,
2. die Reise nicht länger als 24 Stunden dauert, keine Übernachtung einschließt und der Reisepreis 75 Euro nicht übersteigt,
3. der Reiseveranstalter eine juristische Person des öffentlichen Rechts ist, über deren Vermögen ein Insolvenzverfahren unzulässig ist.

§ 651m Abweichende Vereinbarungen

Von den Vorschriften der §§ 651a bis 651l kann vorbehaltlich des Satzes 2 nicht zum Nachteil des Reisenden abgewichen werden. Die in § 651 g Abs. 2 bestimmte Verjährung kann erleichtert werden, vor Mitteilung eines Mangels an den Reiseveranstalter jedoch nicht, wenn die Vereinbarung zu einer Verjährungsfrist ab dem in § 651g Abs. 2 Satz 2 bestimmten Verjährungsbeginn von weniger einem Jahr führt.

§ 793 Rechte aus der Schuldverschreibung auf den Inhaber

(1) Hat jemand eine Urkunde ausgestellt, in der er dem Inhaber der Urkunde eine Leistung verspricht (Schuldverschreibung auf den Inhaber), so kann der Inhaber von ihm die Leistung nach Maßgabe des Versprechens verlangen, es sei denn, dass er zur Verfügung über die Urkunde nicht berechtigt ist. Der Aussteller wird jedoch auch durch die Leistung an einen nicht zur Verfügung berechtigten Inhaber befreit.

(2) Die Gültigkeit der Unterzeichnung kann durch eine in die Urkunde aufgenommene Bestimmung von der Beobachtung einer besonderen Form abhängig gemacht werden. Zur Unterzeichnung genügt eine im Wege der mechanischen

Vervielfältigung hergestellte Namensunterschrift.

§ 807 Inhaberkarten und -marken

Werden Karten, Marken oder ähnliche Urkunden, in denen ein Gläubiger nicht bezeichnet ist, von dem Aussteller unter Umständen ausgegeben, aus welchen sich ergibt, dass er dem Inhaber zu einer Leistung verpflichtet sein will, so finden die Vorschriften des § 793 Abs. 1 und der §§ 794, 796, 797 entsprechende Anwendung.

§ 823 Schadensersatzpflicht

(1) Wer vorsätzlich oder fahrlässig das Leben, den Körper, die Gesundheit, die Freiheit, das Eigentum oder ein sonstiges Recht eines anderen widerrechtlich verletzt, ist dem anderen zum Ersatz des daraus entstehenden Schadens verpflichtet.

(2) Die gleiche Verpflichtung trifft denjenigen, welcher gegen ein den Schutz eines anderen bezweckendes Gesetz verstößt. Ist nach dem Inhalt des Gesetzes ein Verstoß gegen dieses auch ohne Verschulden möglich, so tritt die Ersatzpflicht nur im Falle des Verschuldens ein.

§ 824 Kreditgefährdung

(1) Wer der Wahrheit zuwider eine Tatsache behauptet oder verbreitet, die geeignet ist, den Kredit eines anderen zu gefährden oder sonstige Nachteile für dessen Erwerb oder Fortkommen herbeizuführen, hat dem anderen den daraus entstehenden Schaden auch dann zu ersetzen, wenn er die Unwahrheit zwar nicht kennt, aber kennen muss.

(2) Durch eine Mitteilung, deren Unwahrheit dem Mitteilenden unbekannt ist, wird dieser nicht zum Schadensersatz verpflichtet, wenn er oder der Empfänger der Mitteilung an ihr ein berechtigtes Interesse hat.

§ 826 Sittenwidrige vorsätzliche Schädigung

Wer in einer gegen die guten Sitten verstoßenden Weise einem anderen vorsätzlich Schaden zufügt, ist dem anderen zum Ersatz des Schadens verpflichtet.

§ 831 Haftung für den Verrichtungsgehilfen

(1) Wer einen anderen zu einer Verrichtung bestellt, ist zum Ersatz des Schadens verpflichtet, den der andere in Ausführung der Verrichtung einem Dritten widerrechtlich zufügt.

Die Ersatzpflicht tritt nicht ein, wenn der Geschäftsherr bei der Auswahl der bestellten Person und, sofern er Vorrichtungen oder Gerätschaften zu beschaffen oder die Ausführung der Verrichtung zu leiten hat, bei der Beschaffung oder der Leitung die im Verkehr erforderliche Sorgfalt beobachtet oder wenn der Schaden auch bei Anwendung dieser Sorgfalt entstanden sein würde.

(2) Die gleiche Verantwortlichkeit trifft denjenigen, welcher für den Geschäftsherrn die Besorgung eines der im Absatz 1 Satz 2 bezeichneten Geschäfte

durch Vertrag übernimmt.

§ 904 Notstand

Der Eigentümer einer Sache ist nicht berechtigt, die Einwirkung eines anderen auf die Sache zu verbieten, wenn die Einwirkung zur Abwendung einer gegenwärtigen Gefahr notwendig und der drohende Schaden gegenüber dem aus der Einwirkung dem Eigentümer entstehenden Schaden unverhältnismäßig groß ist. Der Eigentümer kann Ersatz des ihm entstehenden Schadens verlangen.

§ 929 Einigung und Übergabe

Zur Übertragung des Eigentums an einer beweglichen Sache ist erforderlich, dass der Eigentümer die Sache dem Erwerber übergibt und beide darüber einig sind, dass das Eigentum übergehen soll.

Ist der Erwerber im Besitz der Sache, so genügt die Einigung über den Übergang des Eigentums.

II. Auszug aus dem Produkthaftungsgesetz

§ 1 Haftung

(1) Wird durch den Fehler eines Produkts jemand getötet, sein Körper oder seine Gesundheit verletzt oder eine Sache beschädigt, so ist der Hersteller des Produkts verpflichtet, dem Geschädigten den daraus entstehenden Schaden zu ersetzen. Im Falle der Sachbeschädigung gilt dies nur, wenn eine andere Sache als das fehlerhafte Produkt beschädigt wird und diese andere Sache ihrer Art nach gewöhnlich für den privaten Ge- oder Verbrauch bestimmt und hierzu von dem Geschädigten hauptsächlich verwendet worden ist.

(2) Die Ersatzpflicht des Herstellers ist ausgeschlossen, wenn

1. er das Produkt nicht in den Verkehr gebracht hat,
2. nach den Umständen davon auszugehen ist, dass das Produkt den Fehler, der den Schaden verursacht hat, noch nicht hatte, als der Hersteller es in den Verkehr brachte,
3. er das Produkt weder für den Verkauf oder eine andere Form des Vertriebs mit wirtschaftlichem Zweck hergestellt noch im Rahmen seiner beruflichen Tätigkeit hergestellt oder vertrieben hat,
4. der Fehler darauf beruht, dass das Produkt in dem Zeit punkt, in dem der Hersteller es in den Verkehr brachte, dazu zwingenden Rechtsvorschriften entsprochen hat, oder
5. der Fehler nach dem Stand der Wissenschaft und Technik in dem Zeitpunkt, in dem der Hersteller das Produkt in den Verkehr brachte, nicht erkannt werden konnte.

(3) Die Ersatzpflicht des Herstellers eines Teilprodukts ist ferner ausgeschlos-

sen, wenn der Fehler durch die Konstruktion des Produkts, in welches das Teilprodukt eingearbeitet wurde, oder durch die Anleitungen des Herstellers des Produkts verursacht worden ist. Satz 1 ist auf den Hersteller eines Grundstoffs entsprechend anzuwenden.

(4) Für den Fehler, den Schaden und den ursächlichen Zusammenhang zwischen Fehler und Schaden trägt der Geschädigte die Beweislast. Ist streitig, ob die Ersatzpflicht gemäß Absatz 2 oder 3 ausgeschlossen ist, so trägt der Hersteller die Beweislast.

§ 2 Produkt

Produkt im Sinne dieses Gesetzes ist jede bewegliche Sache, auch wenn sie einen Teil einer anderen beweglichen Sache oder einer unbeweglichen Sache bildet, sowie Elektrizität.

§ 3 Fehler

(1) Ein Produkt hat einen Fehler, wenn es nicht die Sicherheit bietet, die unter Berücksichtigung aller Umstände, insbesondere

a) seiner Darbietung,

b) des Gebrauchs, mit dem billigerweise gerechnet werden kann,

c) des Zeitpunkts, in dem es in den Verkehr gebracht wurde, berechtigter weise erwartet werden kann.

(2) Ein Produkt hat nicht allein deshalb einen Fehler, weil später ein verbessertes Produkt in den Verkehr gebracht wurde.

§ 4 Hersteller

(1) Hersteller im Sinne dieses Gesetzes ist, wer das Endprodukt, einen Grundstoff oder ein Teilprodukt hergestellt hat. Als Hersteller gilt auch jeder, der sich durch das Anbringen seines Namens, seiner Marke oder eines anderen unterscheidungskräftigen Kennzeichens als Hersteller ausgibt.

(2) Als Hersteller gilt ferner, wer ein Produkt zum Zweck des Verkaufs, der Vermietung, des Mietkaufs oder einer anderen Form des Vertriebs mit wirtschaftlichem Zweck im Rahmen seiner geschäftlichen Tätigkeit in den Geltungsbereich des Abkommens über den Europäischen Wirtschaftsraum einführt oder verbringt.

(3) Kann der Hersteller des Produkts nicht festgestellt werden, so gilt jeder Lieferant als dessen Hersteller, es sei denn, dass er dem Geschädigten innerhalb eines Monats, nachdem ihm dessen diesbezügliche Aufforderung zugegangen ist, den Hersteller oder diejenige Person benennt, die ihm das Produkt geliefert hat. Dies gilt auch für ein eingeführtes Produkt, wenn sich bei diesem die in Absatz 2 genannte Person nicht feststellen lässt, selbst wenn der Name des Herstellers bekannt ist.

§ 5 Mehrere Ersatzpflichtige

Sind für denselben Schaden mehrere Hersteller nebeneinander zum Schadensersatz verpflichtet, so haften sie als Gesamtschuldner. Im Verhältnis der Ersatzpflichtigen zueinander hängt, soweit nichts anderes bestimmt ist, die Verpflichtung zum Ersatz sowie der Umfang des zu leistenden Ersatzes von den Umständen, insbesondere davon ab, inwieweit der Schaden vorwiegend von dem einen oder dem anderen Teil verursacht worden ist; im Übrigen gelten die §§ 421 bis 425 sowie § 426 Abs. 1 Satz 2 und Abs. 2 des Bürgerlichen Gesetzbuchs.

§ 6 Haftungsminderung

(1) Hat bei der Entstehung des Schadens ein Verschulden des Geschädigten mitgewirkt, so gilt § 254 des Bürgerlichen Gesetzbuchs; im Falle der Sachbeschädigung steht das Verschulden desjenigen, der die tatsächliche Gewalt über die Sache ausübt, dem Verschulden des Geschädigten gleich.

(2) Die Haftung des Herstellers wird nicht gemindert, wenn der Schaden durch einen Fehler des Produkts und zugleich durch die Handlung eines Dritten verursacht worden ist. § 5 Satz 2 gilt entsprechend.

§ 7 Umfang der Ersatzpflicht bei Tötung

(1) Im Falle der Tötung ist Ersatz der Kosten einer versuchten Heilung sowie des Vermögensnachteils zu leisten, den der Getötete dadurch erlitten hat, dass während der Krankheit seine Erwerbsfähigkeit aufgehoben oder gemindert war oder seine Bedürfnisse vermehrt waren. Der Ersatzpflichtige hat außerdem die Kosten der Beerdigung demjenigen zu ersetzen, der diese Kosten zu tragen hat.

(2) Stand der Getötete zur Zeit der Verletzung zu einem Dritten in einem Verhältnis, aus dem er diesem gegenüber kraft Gesetzes unterhaltspflichtig war oder unterhaltspflichtig werden konnte, und ist dem Dritten infolge der Tötung das Recht auf Unterhalt entzogen, so hat der Ersatzpflichtige dem Dritten insoweit Schadensersatz zu leisten, als der Getötete während der mutmaßlichen Dauer seines Lebens zur Gewährung des Unterhalts verpflichtet gewesen wäre. Die Ersatzpflicht tritt auch ein, wenn der Dritte zur Zeit der Verletzung gezeugt, aber noch nicht geboren war.

§ 8 Umfang der Ersatzpflicht bei Körperverletzung

Im Falle der Verletzung des Körpers oder der Gesundheit ist Ersatz der Kosten der Heilung sowie des Vermögensnachteils zu leisten, den der Verletzte dadurch erleidet, dass infolge der Verletzung zeitweise oder dauernd seine Erwerbsfähigkeit aufgehoben oder gemindert ist oder seine Bedürfnisse vermehrt sind. Wegen des Schadens, der nicht Vermögensschaden ist, kann auch eine billige Entschädigung in Geld gefordert werden.

§ 9 Schadensersatz durch Geldrente

(1) Der Schadensersatz wegen Aufhebung oder Minderung der Erwerbsfähigkeit und wegen vermehrter Bedürfnisse des Verletzten sowie der nach § 7 Abs. 2 einem Dritten zu gewährende Schadensersatz ist für die Zukunft durch eine Geldrente zu leisten.

(2) § 843 Abs. 2 bis 4 des Bürgerlichen Gesetzbuchs ist entsprechend anzuwenden.

§ 10 Haftungshöchstbetrag

(1) Sind Personenschäden durch ein Produkt oder gleiche Produkte mit demselben Fehler verursacht worden, so haftet der Ersatzpflichtige nur bis zu einem Höchstbetrag von 85 Millionen Euro.

(2) Übersteigen die den mehreren Geschädigten zu leistenden Entschädigungen den in Absatz 1 vorgesehenen Höchstbetrag, so verringern sich die einzelnen Entschädigungen in dem Verhältnis, in dem ihr Gesamtbetrag zu dem Höchstbetrag steht.

§ 11 Selbstbeteiligung bei Sachbeschädigung

Im Falle der Sachbeschädigung hat der Geschädigte einen Schaden bis zu einer Höhe von 500 Euro selbst zu tragen.

§ 12 Verjährung

(1) Der Anspruch nach § 1 verjährt in drei Jahren von dem Zeitpunkt an, in dem der Ersatzberechtigte von dem Schaden, dem Fehler und von der Person des Ersatzpflichtigen Kenntnis erlangt hat oder hätte erlangen müssen.

(2) Schweben zwischen dem Ersatzpflichtigen und dem Ersatzberechtigten Verhandlungen über den zu leistenden Schadensersatz, so ist die Verjährung gehemmt, bis die Fortsetzung der Verhandlungen verweigert wird.

(3) Im Übrigen sind die Vorschriften des Bürgerlichen Gesetzbuchs über die Verjährung anzuwenden.

§ 13 Erlöschen von Ansprüchen

(1) Der Anspruch nach § 1 erlischt zehn Jahre nach dem Zeitpunkt, in dem der Hersteller das Produkt, das den Schaden verursacht hat, in den Verkehr gebracht hat. Dies gilt nicht, wenn über den Anspruch ein Rechtsstreit oder ein Mahnverfahren anhängig ist.

(2) Auf den rechtskräftig festgestellten Anspruch oder auf den Anspruch aus einem anderen Vollstreckungstitel ist Absatz 1 Satz 1 nicht anzuwenden. Gleiches gilt für den Anspruch, der Gegenstand eines außergerichtlichen Vergleichs ist oder der durch rechtsgeschäftliche Erklärung anerkannt wurde.

§ 14 Unabdingbarkeit

Die Ersatzpflicht des Herstellers nach diesem Gesetz darf im Voraus weder ausgeschlossen noch beschränkt werden. Entgegenstehende Vereinbarungen sind nichtig.